DIÁLOGOS SIMPÁTICOS

A graded introductory reader for beginning students

Anthony J. DeNapoli
Wantagh Public Schools
Wantagh, New York

Stephen L. Levy
Roslyn Public Schools
Roslyn, New York

10566636

National Textbook Company
a division of NTC/CONTEMPORARY PUBLISHING GROUP
Lincolnwood, Illinois USA

A nuestros padres

por su fe, su apoyo y su amor

A.J.D.
S.L.L.

ISBN: 0-8442-7560-3

Published by National Textbook Company,
a division of NTC/Contemporary Publishing Group, Inc.,
4255 West Touhy Avenue,
Lincolnwood (Chicago), Illinois 60646-1975 U.S.A.
© 1990, 1984 by NTC/Contemporary Publishing Group, Inc.

9 0 ML 9 8 7 6 5

Diálogos simpáticos

A graded introductory reader for beginning students

DIÁLOGOS SIMPÁTICOS is an introductory reader for beginning students of Spanish. It practices reading in the same way that students first began their study of Spanish: brief dialogues and situations. The dialogues reaffirm the goal of communication in language study and are designed to reinforce students' mastery of basic conversational expressions already introduced through listening and speaking. The introduction of reading practice through the familiar dialogue eases the transition to narrative reading.

DIÁLOGOS SIMPÁTICOS features thirty dialogues dealing with a variety of topics that are traditionally part of the beginner's curriculum. High-frequency vocabulary and expressions are used throughout. In addition, grammar reviews help reinforce structures employed in the dialogues and promote mastery of structures needed for self-expression in Spanish. The dialogues are followed by evaluation exercises that check comprehension and stimulate self-expression by the students. The comprehension exercises are both passive and active. Passive exercises test students' literal comprehension of the dialogues and include true-false, multiple choice, completion, and matching exercises. Active exercises require personal responses to questions in Spanish and encourage originality.

The Appendix includes vocabulary, verb, and structure exercises, while topics for oral and written expression are found in *Diálogos* 26-30.

Contents

Diálogos

1. En la aduana del aeropuerto internacional

El señor Rangel es de Caracas. Regresa de un viaje a Buenos Aires. Ahora está en la aduana y habla con el aduanero.

EL ADUANERO: Bienvenido, señor. ¿Qué tal el viaje?

EL SEÑOR
RANGEL: Estupendo, señor. Un viaje estupendo. Buenos Aires es una ciudad muy bonita.

EL ADUANERO: La declaración, por favor.

EL SEÑOR
RANGEL: Sí, ¡cómo no! Aquí está.

EL ADUANERO: ¿Vino, licores, cigarros, cigarrillos?

1

EL SEÑOR
RANGEL: Usted es muy amable. Prefiero café con leche.

Actividades de comprensión

I. Answer these questions in complete sentences in Spanish.
1. ¿Cómo se llama el pasajero?
2. ¿De dónde es?
3. ¿De dónde regresa?
4. ¿Dónde está ahora?
5. ¿Con quién habla?
6. ¿Cómo es Buenos Aires?
7. ¿Qué pregunta el aduanero?
8. ¿Qué prefiere el señor?

II. Personalización
1. ¿Cómo te llamas tú?
2. ¿De dónde eres?
3. ¿Viajas tú? ¿Adónde?
4. ¿Con quién viajas?
5. ¿Dónde estás ahora?
6. ¿Prefieres el café con leche o el café solo?
7. ¿Cómo es tu ciudad?

2. En la cocina

Son las cinco y media. Paco y su mamá están en la cocina de su casa y hablan de la cena.

PACO: Mamá, ¿qué preparas para la cena de esta noche?
MAMÁ: Pues, hijo, preparo una cacerola de atún.
PACO: ¡Qué bien! Me encanta cómo preparas la cacerola. Es deliciosa.
MAMÁ: Vamos a comer dentro de una hora.
PACO: Oye, mami, ¿por qué lloras? ¿Qué te pasa?
MAMÁ: Nada, hijo. Son las cebollas. Siempre me hacen llorar.
PACO: ¿Y qué vegetal usas cuando quieres reírte?

Actividades de comprensión

I. Match the segments in column A with those in column B.

A		B	
1.	Me encanta	a.	de atún.
2.	Es una cacerola	b.	está en la cocina.
3.	Vamos a comer	c.	cómo preparas la cacerola.
4.	Paco	d.	para la cena de esta noche?
5.	¿Qué preparas	e.	dentro de una hora.

II. Answer these questions in complete sentences in Spanish.

1. ¿Qué hora es?
2. ¿Dónde están la mamá y Paco?
3. ¿Qué pregunta Paco a su mamá?
4. ¿Qué prepara la mamá de Paco?
5. ¿De qué es la cacerola?
6. ¿A qué hora van a comer?
7. ¿Por qué llora la madre?

III. Personalización

1. ¿A qué hora comes?
2. ¿Cocinas tú? ¿Bien o mal?
3. ¿Qué preparas para la cena? ¿el desayuno? ¿el almuerzo?
4. ¿Cuál es tu comida favorita?
5. ¿Te hacen llorar las cebollas?

3. En el gimnasio

Todos los miércoles Joseíto y su amigo Reinaldo van al gimnasio juntos. Les gustan los deportes, especialmente el fútbol. Hacen muchos ejercicios en el gimnasio.

REINALDO: Ay, Joseíto, todo el mundo me dice que estoy gordo y que tengo que perder peso.

JOSEÍTO: Pues, creo que ellos tienen razón.

REINALDO: Y ¿por qué hablas así? No estoy gordo.

JOSEÍTO: A ver. ¿Cuánto pesas?
(Reinaldo sube a la báscula.)

JOSEÍTO: Bueno, hombre, ¿cuánto pesas?

REINALDO: Peso 210 libras, pero no es mi verdadero peso porque estoy vestido.

JOSEÍTO: Pues, si tu ropa pesa 60 libras no estás gordo, pero . . .

5

Actividades de comprensión

I. Sí o No. Indicate whether these statements are true or false. If the statement is false, make it true.

1. Joseíto y Reinaldo van al gimnasio todos los días.
2. Prefieren el fútbol.
3. Practican el béisbol en el gimnasio.
4. Todo el mundo dice que Reinaldo está gordo.
5. Joseíto dice que tienen razón.
6. Reinaldo pesa 120 libras.
7. La ropa de Reinaldo pesa 60 libras.

II. Answer these questions in complete sentences in Spanish.

1. ¿Cómo se llaman los dos amigos?
2. ¿Adónde van juntos?
3. ¿Cuándo van allí?
4. ¿Qué deporte les gusta más?
5. ¿Qué hacen en el gimnasio?
6. ¿Qué dice todo el mundo de Reinaldo?
7. ¿Cree Joseíto que tienen razón?
8. ¿En qué se pesa Reinaldo?
9. ¿Cuánto pesa?
10. ¿Por qué pesa tanto, según Reinaldo?

III. Personalización

1. ¿Qué deporte te gusta más?
2. ¿Con quién vas al gimnasio?
3. ¿Haces muchos ejercicios allí?
4. ¿Cuánto pesas?
5. En tu opinión, ¿estás gordo(-a) o delgado(-a)? ¿Por qué dices esto?

4. En el banco

Pepe y el señor Sánchez trabajan en un banco de Quito. El señor Sánchez es el jefe del departamento de ahorros. Pepe trabaja de cajero en este departamento.

PEPE: Buenos días, señor Sánchez.

EL SEÑOR
SÁNCHEZ: Buenos días, Pepe.

PEPE: Ud. tiene una cita importante hoy con el director del banco.

EL SEÑOR
SÁNCHEZ: Sí, yo lo sé. ¿A qué hora?

PEPE: A las nueve y cuarto en su oficina. Perdone, señor, ¿le puedo preguntar algo?

EL SEÑOR
SÁNCHEZ: Cómo no, Pepe. ¿Tenemos o no tenemos confianza?

PEPE: Bueno, ¿quién lo ayuda a vestirse?

EL SEÑOR

SÁNCHEZ: Pues, nadie. Hace muchos años que me visto solo.
          ¿Por qué?

PEPE: Porque Ud. lleva un calcetín rojo y otro azul.

Actividades de comprensión

I. Select the word or expression that correctly completes each statement.

1. Pepe y el señor Sánchez trabajan en el mismo (gimnasio, banco, aeropuerto).
2. El señor Sánchez es el (padre, amigo, jefe) de Pepe.
3. El señor Sánchez tiene una (comida, cita, declaración) a las nueve y cuarto.
4. Va a hablar con el (director, jefe, cajero) del banco.
5. Los dos hombres tienen (razón, cena, confianza).
6. El señor Sánchez se viste (bien, rápidamente, solo).
7. Lleva (zapatos, calcetines, pantalones) de dos colores diferentes.

II. Answer these questions in complete sentences in Spanish.

1. ¿Dónde trabajan los señores?
2. ¿En qué ciudad está el banco?
3. ¿Qué hace el señor Sánchez? ¿Y Pepe?
4. ¿Con quién tiene el señor Sánchez una cita?
5. ¿A qué hora es la cita?
6. ¿Qué problema tiene el señor Sánchez?

III. Personalización

1. ¿Dónde trabaja tu papá o tu mamá?
2. ¿Hay un banco en tu ciudad? ¿Cómo se llama?
3. ¿Quién es el (la) director(-a) de tu escuela?
4. ¿A qué hora es tu primera (última) clase?
5. ¿De qué color es tu camisa?
6. ¿Tienes confianza con tu profesor(a)?

5. En el autoservicio

Una señora entra en un autoservicio a la hora del almuerzo. Ella tiene prisa y el mesero le pregunta muchas cosas.

EL MESERO:	¿Qué va a tomar hoy?
LA SEÑORA:	Una hamburguesa y café.
EL MESERO:	¿Cómo quiere la hamburguesa?
LA SEÑORA:	Término medio.
EL MESERO:	¿Va a querer cebolla?
LA SEÑORA:	Sí, cómo no.
EL MESERO:	¿Y tomate?
LA SEÑORA:	Sí, gracias.
EL MESERO:	¿Le pongo unos pepinos también?
LA SEÑORA:	Sí, joven. ¿Por qué no pasea mi hamburguesa por todo el jardín?

Actividades de comprensión

I. Answer these questions in complete sentences in Spanish.
1. ¿En dónde entra la señora?
2. ¿Qué hora es?
3. ¿Qué tiene ella?
4. ¿Qué va a tomar?
5. ¿Cómo quiere la hamburguesa?
6. ¿Qué otras cosas va a poner el mesero?
7. ¿Cómo contesta la señora?

II. Personalización
1. ¿Dónde tomas el almuerzo?
2. ¿A qué hora almuerzas?
3. ¿Con quién almuerzas?
4. ¿Qué tomas en el almuerzo?
5. ¿Cómo prefieres una hamburguesa, término medio o bien cocida?
6. ¿Qué pones en una hamburguesa?

6. En el restaurante

Luz y Jaime están en un restaurante español. Acaban de leer la carta y el camarero viene a la mesa para tomar la orden.

CAMARERO: ¿Qué van a tomar?
LUZ: ¿Cuál es la sopa del día?
CAMARERO: Es gazpacho y está muy rico.
LUZ: Bueno, yo deseo gazpacho y un filete con papas fritas.
CAMARERO: ¿Y usted, señor?
JAIME: Voy a tomar el consomé y arroz con pollo.
 (*El camarero sirve la sopa.*)
JAIME: Ay, ¡qué delicioso está el consomé! ¿Qué tal el gazpacho? ¿Por qué no lo tomas?

LUZ:	Es que la sopa está fría. No me gusta.
JAIME:	¿No sabes que el gazpacho es una sopa fría?
LUZ:	Gracias. Ya lo sé.

Actividades de comprensión

I. Sí o No. Indicate whether these statements are true or false. If the statement is false, make it true.

1. Luz y Jaime están en un restaurante.
2. El consomé es la sopa del día.
3. Jaime pide un filete con papas fritas.
4. El consomé está delicioso.
5. Luz toma todo el gazpacho.
6. El gazpacho es una sopa caliente.

II. Answer these questions in complete sentences in Spanish.

1. ¿Dónde están Luz y Jaime?
2. ¿Quién les sirve?
3. ¿Cuál es la sopa del día?
4. ¿Qué pide Luz?
5. ¿Qué pide Jaime?
6. ¿Cómo está el consomé?
7. ¿Por qué no toma Luz el gazpacho?
8. ¿Le gusta la sopa?

III. Personalización

1. ¿Dónde comes tú generalmente?
2. ¿Qué clase de comida prefieres tú?
3. ¿Cuál es tu sopa favorita?
4. ¿Quién paga la cuenta cuando vas a un restaurante?

7. En el dormitorio de Paco

El papá entra en el dormitorio de Paco. Paco no hace nada y su papá le pregunta si tiene que estudiar.

PACO: Hola, papá. ¿Qué tal?
EL PAPÁ: Muy bien, hijo. Y tú, ¿qué tal el día?
PACO: Bien. Gracias a Dios que es viernes.
EL PAPÁ: ¿Tienes tarea para el lunes?
PACO: Solamente un poquito.
EL PAPÁ: Déjame[1] ver lo que tienes.
PACO: Aquí está todo.

---

1. **Déjame** Let me

EL PAPÁ: Pues, hijo, tienes muchísimo trabajo. ¿Cómo puedes decir que solamente tienes un poco?

PACO: Porque es todo lo que voy a hacer, un poquito . . .

Actividades de comprensión

I. Match the segments in column A with those in column B.

A	B
1. Paco es	a. un poquito.
2. Gracias a Dios que	b. tiene sólo un poquito.
3. Paco tiene tarea	c. es viernes.
4. No tiene mucho,	d. el hijo de su padre.
5. Va a hacer	e. para el lunes.

II. Answer these questions in complete sentences in Spanish.

1. ¿En dónde entra el papá de Paco?
2. ¿Qué hace Paco?
3. ¿Qué tal el día de Paco?
4. ¿Tiene Paco tarea para el lunes?
5. Según el padre, ¿cuánto trabajo tiene Paco?
6. ¿Por qué dice Paco que tiene un poquito de trabajo?

III. Personalización

1. ¿Tienes mucha tarea todos los días?
2. ¿Dónde preparas la tarea?
3. ¿Te gusta estudiar?
4. ¿Con quién estudias?
5. ¿Qué día de la semana prefieres?

8. En la calle

Es el fin de semana. Dos hermanitos juegan en la calle. Su padre sale de la casa.

ALBERTO: Mira, Luis. Allí está papá y tiene las llaves del carro en la mano.

LUIS: Sí. ¿Adónde va?

ALBERTO: No sé, pero vamos con él.

LUIS: ¡Papá, papá! ¿Vas a salir? ¿Podemos ir contigo?

PAPÁ: Sí, pero tienen que portarse bien.

ALBERTO: Yo me siento al lado de papá.

LUIS: No. Tú siempre te sientas allí. Yo quiero sentarme al lado de papá.

PAPÁ: ¡Niños, por favor! No es un viaje largo.

ALBERTO: ¿Vamos a bajar del carro pronto?

PAPÁ: Creo que sí.
           (*La mamá sale de la casa.*)
MAMÁ: Oigan. ¿Adónde van ustedes?
PAPÁ: A estacionar el carro.

Actividades de comprensión

I. Select the word or expression that completes each statement.

1. Es el (domingo, miércoles, lunes).
2. Los hermanos (corren, practican, juegan) en la calle.
3. (Otro hermano, su papá, su mamá) sale de la casa.
4. Tiene (las pelotas, las llaves, los juguetes) en la mano.
5. Los hermanos pueden (acompañar a, jugar con, ayudar a) su padre.
6. Luis quiere sentarse (lejos de, delante de, al lado de) su padre.
7. No va a ser un viaje (corto, largo, difícil).
8. El papá va a (estacionar, lavar, limpiar) el carro.

II. Answer these questions in complete sentences in Spanish.

1. ¿Dónde están los hermanitos?
2. ¿Qué hacen?
3. ¿Quién sale de la casa?
4. ¿Qué tiene el papá en la mano?
5. ¿Ahora qué quieren hacer los hermanitos?
6. ¿Dónde desean sentarse los dos hermanitos?
7. ¿Va a ser un viaje largo?
8. ¿Cuándo van a bajar del carro?
9. ¿Quién desea saber adónde van?
10. ¿Adónde van?

III. Personalización

1. ¿Dónde juegas tú?
2. ¿Qué deporte te gusta jugar?
3. ¿Tiene tu familia un carro?
4. ¿De qué color es tu carro?
5. ¿Te gustan los carros?
6. ¿Adónde vas en carro?

9. En la clase de ciencias

Los alumnos están en la clase de biología. Hablan de las
enfermedades. El profesor da la lección.

EL PROFESOR: Hoy vamos a estudiar las causas y los síntomas
de las enfermedades. ¿Por qué se enferman las personas?
ELISA: El mal tiempo.
JOSÉ: El no comer bien.
PEDRO: Los microbios.
EL PROFESOR: Muy bien. Ustedes tienen razón. Ahora, ¿cuál es un
síntoma de que una persona no se siente bien?
PEDRO: La persona duerme mucho.
EL PROFESOR: ¿Y qué microbio causa el sueño?
LUIS: La televisión.

Actividades de comprensión

I. Answer these questions in complete sentences in Spanish.
1. ¿En qué clase están los alumnos?
2. ¿Quién enseña la clase?
3. ¿Qué estudian hoy?
4. ¿Cuáles son dos causas de las enfermedades?
5. ¿Qué hace una persona cuando no se siente bien?
6. ¿Cuál es la causa del sueño, según Luis?

II. Personalización
1. ¿Qué clase de ciencias estudias?
2. ¿Por qué te gusta o no te gusta esta clase?
3. ¿Cómo estás hoy?
4. ¿Qué haces cuando no te sientes bien?
5. ¿A quién ves cuando estás enfermo?
6. ¿Te duermes cuando miras la televisión? ¿Por qué?

10. En una fuente de la buenaventura

Juan y su esposa están de vacaciones. Visitan la ciudad de Madrid. Hoy hacen una excursión para conocer los sitios famosos de la capital de España. Llegan a una fuente famosa y legendaria.

JUAN: Creo que ya llegamos. ¡Qué bonita fuente! ¿Qué dice en la guía turística?

MARÍA: Es una fuente de la buenaventura. Es muy antigua. Tiene fama de dar buena suerte a las personas que la visitan.

JUAN: ¿Dice otra cosa?

MARÍA: También dice que las personas que tiran una moneda en la fuente van a realizar su deseo.

JUAN: ¿Quieres hacerlo?

MARÍA: Sí, ¡cómo no! Pero no tengo ninguna moneda.

JUAN: (*Busca en todos los bolsillos.*) Ni yo tampoco. Pero tengo una tarjeta de crédito.

Actividades de comprensión

I. Sí o No. Indicate whether these statements are true or false. If the statement is false, make it true.

1. Juan y su esposa están de vacaciones.
2. Están en la ciudad de Sevilla.
3. Barcelona es la capital de España.
4. Hacen una excursión a los sitios famosos.
5. Llegan a un puente antiguo.
6. María lee la descripción de la fuente en un periódico.
7. La fuente da buena suerte a las personas que la visitan.
8. Tienen que leer un poema para recibir la buena suerte.
9. María tiene varias monedas.
10. Juan dice que sólo tiene una tarjeta de crédito.

II. Answer these questions in complete sentences in Spanish.

1. ¿En qué país están Juan y su esposa?
2. ¿Por qué están allí?
3. ¿Qué hacen hoy?
4. ¿Qué desean conocer?
5. ¿Qué clase de fuente es?
6. ¿Cómo es la fuente?
7. ¿Por qué tiran las personas una moneda en la fuente?
8. ¿Tiene María algunas monedas?
9. ¿Dónde busca Juan una moneda?
10. ¿Qué encuentra Juan en el bolsillo?

III. Personalización

1. ¿Dónde vas a pasar las vacaciones?
2. ¿Te gusta hacer las excursiones por la ciudad?
3. ¿Qué lugares te gusta visitar?
4. ¿Cuántas monedas tienes tú en el bolsillo o en la bolsa?
5. ¿Qué sueño quieres realizar?
6. ¿Cuándo usa tu mamá (papá) una tarjeta de crédito?

11. En casa

Andrés estudia toda la noche para un examen. Al día siguiente, a la hora de levantarse para ir a la escuela, hay un problema.

	(*La noche anterior.*)
MAMÁ:	Andrés, ¿qué haces?
ANDRÉS:	Estudio.
MAMÁ:	¿Por qué? ¿Tienes un examen?
ANDRÉS:	Sí, mañana tengo un examen de matemáticas.
	(*Al día siguiente.*)
MAMÁ:	Levántate,[1] Andrés. Ya es tarde.

---

1. **Levántate** Get up

ANDRÉS: Ay, mami, no me siento bien.
MAMÁ: ¿Qué te pasa? ¿Tienes fiebre?
ANDRÉS: No creo. Me duele el estómago.
MAMÁ: ¿No puedes ir a la escuela?
ANDRÉS: No creo. Quiero dormir un poco más.
            (*Más tarde.*)
MAMÁ: Voy a llamar al médico.
ANDRÉS: No es necesario, mami. Ahora me siento mejor.
            Ya no tengo dolor de estómago.

Actividades de comprensión

I. Sí o No. Indicate whether these statements are true or false. If the statement is false, make it true.

1. Andrés tiene un examen de inglés.
2. Andrés está enfermo durante la noche.
3. Tiene mucha fiebre.
4. Le duele el estómago.
5. Andrés puede ir a la escuela.
6. No puede dormir más.
7. Su mamá llama al médico.
8. Andrés se siente mejor.

II. Answer these questions in complete sentences in Spanish.

1. ¿Qué hace Andrés por la noche?
2. ¿Para qué clase estudia?
3. ¿Por qué estudia?
4. ¿Cómo se siente Andrés por la mañana?
5. ¿Qué le duele?
6. ¿Qué quiere hacer Andrés?
7. ¿Qué decide hacer su madre?
8. ¿Por qué no es necesario hacerlo?

III. Personalización

1. ¿Cuándo estudias para tus exámenes?
2. ¿Con quién estudias?
3. ¿Cómo te sientes por la mañana?
4. ¿Te gusta ir a la escuela?
5. Generalmente cuando estás enfermo(a), ¿qué te duele(n)?
6. ¿Cómo se llama tu médico?

12. En la puerta de la casa

Ramón y Lupe siempre van a la escuela juntos. Ramón toca
a la puerta de la casa de Lupe y sale su mamá.

RAMÓN: Hola, señora. ¿Está Lupe lista para ir a la escuela?
SEÑORA: Ella no puede ir a la escuela hoy. Lo siento.
RAMÓN: ¿Por qué no? Hoy no hay examen en la clase de inglés.
Y además, ella es la presidenta del club de inglés.
SEÑORA: No es por eso, chico. Ayer Lupe se cayó.[1] Tiene mucho
dolor de las piernas y no puede caminar.
RAMÓN: ¿Y ustedes no van al consultorio del médico?
SEÑORA: Vamos a ver cómo sigue.

---

1. **se cayó** fell down

RAMÓN: ¿Y por qué no tengo yo tanta suerte?
SEÑORA: Ay, niño, no digas eso.[2]
RAMÓN: (*A sí mismo.*) A ver, ¿qué puedo yo hacer para perder un día de clases?

---

2. **no digas eso** don't say that

Actividades de comprensión

I. Answer these questions in complete sentences in Spanish.
   1. ¿Con quién va Ramón a la escuela?
   2. ¿A qué puerta toca él?
   3. ¿Quién sale?
   4. ¿Está Lupe lista para ir a la escuela?
   5. ¿Por qué no va Lupe a la escuela este día?
   6. ¿Cuándo van al consultorio del médico?
   7. ¿Qué quiere tener Ramón?
   8. ¿Qué quiere perder Ramón?

II. Personalización
   1. ¿Con quién vas tú a la escuela?
   2. ¿A qué hora sales de tu casa?
   3. ¿Cómo vas a la escuela?
   4. ¿Está la escuela cerca de o lejos de tu casa?
   5. ¿Por qué no vas a la escuela a veces?
   6. ¿Te gustan todas tus clases?
   7. ¿Cuál clase te gusta más? ¿menos?

13. En la fiesta

Hay una fiesta en casa de Roberto. Él y sus amigos se divierten mucho. El hermanito de Roberto está allí con ellos.

CARLOS: Es una fiesta muy divertida pero hay un problema.
ROBERTO: Dime,[1] ¿cuál es?
CARLOS: Es tu hermanito. Molesta a todos.
ROBERTO: Lo siento. Voy a hablar con él.
(*Roberto llama a su hermanito.*)
ROBERTO: Oye, Enrique. Ven acá.
ENRIQUE: ¿Qué quieres?

---

1. **Dime** Tell me

ROBERTO: Creo que el perrito Fido desea salir. ¿Por qué no lo llevas a dar un paseo?

ENRIQUE: Ay, no. Quiero quedarme aquí. Me gusta la fiesta y Fido no quiere salir.

CARLOS: Tengo otra idea. Debes llevar tu tortuga a dar un paseo. Así no regresas hasta muy tarde.

Actividades de comprensión

I. Select the response that best answers each question.

1. ¿Cómo es la fiesta?
   a. tranquila   c. divertida
   b. fea   d. importante

2. ¿Qué problema hay?
   a. No hay bastante comida.
   b. Los chicos no desean bailar.
   c. Los invitados no quieren salir.
   d. El hermanito de Roberto molesta a todos.

3. ¿Qué debe hacer Enrique?
   a. acostarse   c. salir con su perro
   b. quedarse en la cocina d. bailar

4. ¿Por qué no obedece Enrique?
   a. Le gusta la fiesta.   c. Es muy tarde.
   b. Fido no se siente bien.   d. Tiene miedo de salir solo.

5. ¿Qué idea tiene Carlos?
   a. Va a hablar con los padres de Enrique.
   b. Enrique debe sacar su tortuga a la calle.
   c. Los amigos deben ir a su casa ahora.
   d. Enrique puede jugar con su tortuga en la sala.

6. ¿Por qué tiene esta idea Carlos?
   a. Quiere ayudar a Enrique.
   b. Los animales tienen que salir.
   c. No les gusta a los amigos la presencia del hermanito en la fiesta.
   d. La fiesta no va a terminar hasta muy tarde.

II. Answer these questions in complete sentences in Spanish.

1. ¿Dónde tiene lugar la fiesta?
2. ¿Cómo se divierten los amigos?
3. ¿Quién está en la fiesta también?
4. ¿Qué problema hay?

5. ¿A quién debe llevar a dar un paseo Enrique?
6. ¿Por qué no quiere hacer esto?
7. ¿Cuál es la idea de Carlos?

III. Personalización

1. ¿Das tú muchas fiestas en tu casa?
2. ¿A quiénes invitas a tus fiestas?
3. ¿Te gusta bailar en las fiestas?
4. ¿Tienes hermanitos o hermanitas?
5. ¿Te molesta cuando tus amigos están en tu casa?
6. ¿A qué hora terminan tus fiestas?

14. En el club

Rosa y Pedro están en el club. Acaban de cenar y Pedro le da un paquete.

ROSA: ¿Qué es?
PEDRO: Es un regalo.
ROSA: ¿Para quién es?
PEDRO: Es para ti, naturalmente.
ROSA: ¿Puedo abrirlo?
PEDRO: Sí, ¡cómo no!
(*Rosa abre el regalo.*)
ROSA: Es un reloj.
PEDRO: ¿Te gusta?
ROSA: Es fabuloso pero . . .
PEDRO: (*Le interrumpe.*) Pero ¿qué?

ROSA:	Pero ya tengo dos relojes y uno es de oro.
PEDRO:	Ahora tienes tres.
ROSA:	Prefiero el dinero.
PEDRO:	No puedo darte dinero. No puedo comprar dinero con la tarjeta de crédito que tengo.

Actividades de comprensión

I. Answer these questions in complete sentences in Spanish.

1. ¿Dónde están Pedro y Rosa?
2. ¿Qué le da Pedro a Rosa?
3. ¿Para quién es?
4. ¿Qué hay en el paquete?
5. ¿Cómo es?
6. ¿Por qué no quiere Rosa aceptarlo?
7. ¿Qué prefiere ella?
8. ¿Por qué no puede Pedro darle dinero a Rosa?

II. Personalización

1. ¿Eres socio de un club?
2. ¿Cuándo vas allí?
3. ¿Te gustan los regalos?
4. ¿Qué deseas recibir de regalo para tu cumpleaños? ¿para la Navidad?
5. ¿Te gusta dar regalos? ¿A quién(es)?
6. ¿Para qué usas el dinero?

15. En la bodega

Una señora entra en una bodega para comprar unas cosas. La dependienta la atiende.

SEÑORA: ¿Qué hay de sabroso hoy?

DEPENDIENTA: Acaban de preparar tortillas españolas y todavía están calientes.

SEÑORA: Huelen ricas. Deseo una, por favor.

DEPENDIENTA: Muy bien. ¿La corto yo o lo va a hacer usted misma?

SEÑORA: Usted lo puede hacer.

DEPENDIENTA: ¿Quiere seis u ocho rebanadas?

SEÑORA: Seis, por favor. Estoy a dieta.

Actividades de comprensión

I. Select the word that best completes each statement.

1. La señora está en una (farmacia, bodega, carnicería).
2. Desea comprar algo (caro, caliente, sabroso).
3. Las tortillas españolas (cuestan, huelen, beben) ricas.
4. La dependienta va a (cortar, comer, comprar) la tortilla española.
5. La señora quiere seis (tortillas, huevos, rebanadas).
6. Según la señora, ella está (triste, a dieta, cansada).

II. Answer these questions in complete sentences in Spanish.

1. ¿En qué tienda entra la señora?
2. ¿Qué desea comprar?
3. ¿Qué pregunta ella?
4. ¿Qué acaban de preparar?
5. ¿Cómo están?
6. ¿Cuántas tortillas españolas compra ella?
7. ¿Quién corta la tortilla española?
8. ¿Cuántas rebanadas desea la señora?
9. ¿Por qué quiere este número de rebanadas?

III. Personalización

1. ¿Vas tú de compras?
2. ¿Hay una bodega cerca de donde vives?
3. ¿Adónde vas para comprar la comida?
4. ¿Te gusta la tortilla española?
5. ¿Estás a dieta? ¿Por qué sí? ¿Por qué no?

16. En la tintorería

Una señora entra en la tintorería para recoger su vestido.
Habla con el tintorero.

EL TINTORERO: Buenas tardes, señora.
LA SEÑORA: Buenas tardes. ¿Ya está listo mi vestido?
EL TINTORERO: Creo que sí. ¿Tiene usted el resguardo?
LA SEÑORA: Aquí lo tiene.
(*El tintorero busca el vestido. Unos minutos*
después . . .)
LA SEÑORA: ¿No lo encuentra?
EL TINTORERO: No, señora. Se perdió.[1]

---

1. **Se perdió** It was lost

LA SEÑORA: ¿Cómo que se perdió el vestido? Es mi vestido
                favorito y además es un vestido fino y caro.
EL TINTORERO: Lo siento, pero usted me debe cinco pesos.
LA SEÑORA: ¿Cinco pesos? ¿Para qué?
EL TINTORERO: Limpiamos el vestido antes de perderlo.

Actividades de comprensión

I. Match the segments in columns A and B.

A	B
1. Una señora entra	a. al tintorero.
2. Desea recoger	b. es un vestido caro.
3. Ella da el resguardo	c. cinco pesos.
4. El señor no puede	d. antes de perderlo.
5. La señora dice que	e. su vestido.
6. El tintorero le pide	f. encontrar el vestido.
7. Limpiaron el vestido	g. en la tintorería.

II. Answer these questions in complete sentences in Spanish.

1. ¿En qué tienda entra la señora?
2. ¿Qué desea ella recoger?
3. ¿Qué le pide el tintorero?
4. ¿Encuentra el tintorero el vestido de la señora?
5. ¿Por qué no lo encuentra?
6. ¿Cómo es el vestido?
7. ¿Cuánto dinero le debe la señora al tintorero?
8. ¿Por qué?

III. Personalización

1. ¿A qué tienda llevas tu ropa sucia?
2. ¿Queda cerca de o lejos de tu casa?
3. ¿Qué necesitas para recoger la ropa de la tintorería?
4. ¿Cómo es tu vestido o traje favorito?
5. ¿Cuánto pagas por limpiar tu ropa?

17. En la iglesia

Es un momento de mucha alegría para Evita. Ella se casa con Alfredo. Roberto, un buen amigo del novio, ayuda a los invitados a sentarse antes de comenzar la ceremonia. Entra una señora sola.

ROBERTO: Buenas tardes. ¿Me permite acompañarla a su asiento?
SEÑORA: Gracias. Usted es muy amable.
ROBERTO: No la conozco a usted. Debe ser amiga de la novia, ¿verdad?
SEÑORA: (*Exclama.*) ¡Si soy amiga de la novia! ¡Por Dios no! Soy la madre del novio.

Actividades de comprensión

I. Sí o No. Indicate whether these statements are true or false. If the statement is false, make it true.

1. Evita se casa con Roberto.
2. Roberto es un buen amigo de Alfredo.
3. Una mujer entra sola en la iglesia.
4. Roberto cree que ella es la novia.
5. La señora es la abuela de Alfredo.

II. Answer these questions in complete sentences in Spanish.

1. ¿Dónde están Evita y Alfredo?
2. ¿Por qué están allí?
3. ¿Quién es Roberto?
4. ¿Qué hace Roberto en la iglesia?
5. ¿Cuándo se sientan los invitados?
6. ¿Quién los ayuda?
7. ¿Quién entra sola?
8. ¿La conoce Roberto?
9. ¿Quién cree Roberto que es esta señora?
10. ¿Quién es esta señora?

III. Personalización

1. ¿Deseas casarte?
2. ¿Tienes novio o novia?
3. ¿Cómo se llama tu novio(a)?
4. ¿Cuál es el nombre de tu buen(a) amigo(a)?
5. ¿Vas a una boda pronto?
6. ¿Quiénes se casan?

18. En un almacén

Dos amigos se encuentran por casualidad en El Corte Inglés, un almacén grande de Madrid. Están en la sección donde venden tarjetas.

RICARDO: ¿Qué haces aquí?
PEDRO: Busco una tarjeta de cumpleaños.
RICARDO: Es para mí, ¿no?
PEDRO: ¿Por qué va a ser para ti?
RICARDO: Porque celebro mi cumpleaños el jueves.
PEDRO: ¿Tu cumpleaños? Ah, no lo sabía.[1]
RICARDO: Sí, pero no tienes que gastar el dinero en la tarjeta.
Sólo léeme lo que dice en esta tarjeta y dame el regalo.

---

1. **no lo sabía** I didn't know it

Actividades de comprensión

I. Match the segments in column A with those in column B to form a sentence.

A	**B**
1. Dos amigos	a. Ricardo celebra su
2. Pedro busca	cumpleaños el jueves.
3. Ricardo cree que	b. un regalo de su amigo.
4. Pedro no sabía que	c. una tarjeta de cumpleaños.
5. Ricardo le dice que	d. se encuentran en un almacén.
6. Ricardo espera recibir	e. la tarjeta es para él.
	f. no debe comprar una tarjeta.

II. Answer these questions in complete sentences in Spanish.

1. ¿Dónde se encuentran los dos amigos?
2. ¿En qué sección de la tienda están?
3. ¿Qué busca Pedro?
4. ¿Por qué cree Ricardo que la tarjeta es para él?
5. ¿Sabía Pedro esto?
6. ¿Debe Pedro gastar su dinero en una tarjeta?
7. ¿Qué desea recibir Ricardo?

III. Personalización

1. ¿Cuándo celebras tu cumpleaños?
2. ¿Cuándo es el cumpleaños de tu mamá? ¿tu papá? ¿tu amigo o amiga?
3. ¿Mandas tú tarjetas de cumpleaños?
4. ¿Dónde compras las tarjetas?
5. ¿Recibes muchos regalos el día de tu cumpleaños?
6. ¿Vas a dar una fiesta para celebrar tu cumpleaños este año?

19. En un banquete

Es la primera vez que Ramón y su esposa Marisol van juntos a un banquete. Acaban de cenar y ahora sirven el postre.

MARISOL: Ay, Ramón, ¿cuántas veces vas a ir a la mesa por el postre?
RAMÓN: Es un helado muy sabroso y hay varios sabores: vainilla, chocolate, fresa, cereza y . . .
MARISOL: (*Le interrumpe.*) Ya basta. Es la quinta vez que has ido[1] para repetir el postre.
RAMÓN: Sí, te digo, está riquísimo.
MARISOL: ¿No te da pena?
RAMÓN: ¿Pena? ¿Por qué? Les digo a los otros invitados que el helado es para ti.

---

1. **has ido** have gone

Actividades de comprensión

I. Select the word that best completes each statement.

   1. Ramón y su esposa están en un (restaurante, banquete, club).
   2. Es la hora de servir (el postre, la cena, el aperitivo).
   3. Hay muchos sabores de (sopa, té, helado).
   4. Se enfada la señora porque Ramón va a la (fiesta, mesa, tienda) muchas veces.
   5. Ramón dice que el postre está (riquísimo, regular, adecuado).
   6. A Ramón no le da (tristeza, pena, alegría) comer mucho.
   7. Ramón dice que todos los helados son para (él, su esposa, varias personas).

II. Answer these questions in complete sentences in Spanish.

   1. ¿Dónde están Ramón y su esposa?
   2. ¿Qué van a servir ahora?
   3. ¿Qué le pregunta su mujer?
   4. ¿Qué hay de postre?
   5. ¿Qué sabores hay?
   6. ¿Cuántas veces va Ramón a la mesa?
   7. ¿Cómo está el helado?
   8. ¿Le da pena a Ramón repetir el postre?
   9. ¿Para quién es el helado, según Ramón?

III. Personalización

   1. ¿Vas tú a muchos banquetes?
   2. ¿Te gusta la comida que sirven allí?
   3. ¿Qué postre prefieres?
   4. ¿Cuál es tu sabor favorito de helado?
   5. ¿Cuánto helado puedes tú comer en una noche?

20. En la sala de estar

Es el sábado por la tarde. El señor Gómez lee el periódico
en la sala de estar. Su esposa acaba de hacer compras
y habla con él.

LA SEÑORA:	Mira lo que compré hoy.
EL SEÑOR:	¿Qué es?
LA SEÑORA:	Es tela. La compré porque voy a hacerte una corbata para tu santo.
EL SEÑOR:	¿Una corbata? ¿Por qué necesitas tanta tela?
LA SEÑORA:	Porque voy a hacerme una falda con la tela que sobra.

Actividades de comprensión

I. Select the response that best answers each question or completes each statement.

1. ¿Qué día es?
   a. viernes   b. sábado   c. lunes   d. jueves
2. ¿Qué hace el señor Gómez?
   a. Mira la televisión.   c. Limpia la sala de estar.
   b. Juega con el perro.   d. Lee el periódico.
3. ¿De dónde regresa su esposa?
   a. de hacer compras   c. del teatro
   b. del cine   d. de hacer una visita
4. ¿Qué hace ella ahora?
   a. Prepara la cena.   c. Le enseña sus compras.
   b. Habla por teléfono.   d. Mira el periódico.
5. Ella compró tela para
   a. hacer cortinas nuevas.   c. venderla a sus amigas.
   b. hacer un regalo.   d. remendar un vestido.
6. ¿Qué va a hacer con la tela que sobra?
   a. Va a devolverla a la tienda.   c. Va a regalarla a su hermana.
   b. Va a hacer algo para sí misma.   d. Va a guardarla por un año.

II. Answer these questions in complete sentences in Spanish.

1. ¿Qué día es?
2. ¿Dónde está el señor Gómez?
3. ¿Qué hace allí?
4. ¿Qué acaba de hacer su esposa?
5. ¿Qué compró?
6. ¿Qué va a hacerle a su esposo? ¿Por qué?
7. ¿Qué va a hacer con la tela que sobra?
8. ¿Compró ella bastante tela?

III. Personalización.

1. ¿Sabes coser?
2. ¿Te gusta hacer tu propia ropa?
3. ¿Adónde vas tú de compras?
4. ¿Quién(es) te acompaña(n)?
5. ¿Cuándo te gusta ir de compras?
6. ¿Qué te gusta comprar?

21. En la despensa

Carlos tiene la costumbre de abrir y cerrar las puertas del refrigerador y de la despensa con mucha frecuencia. Busca algo para comer. Está en la cocina con su papá.

CARLOS: (*Cierra el refrigerador.*) Nunca hay nada que comer en esta casa.

PAPÁ: ¿Cómo puedes decir esto? Tu mamá acaba de venir del supermercado y hay muchas cosas. Entre ayer y hoy ella gastó más de cien dólares en comida.

CARLOS: Sí, pero nunca encuentro nada que me gusta.
(*Su papá abre la puerta del refrigerador.*)

PAPÁ: Mira, en cada estante hay mucho. Hay queso, mayonesa, crema, leche, media botella de refresco, huevos y una lata de fruta.

CARLOS: Pero no me gusta nada de eso.
PAPÁ: (*Abre los cajones.*) Aquí hay lechuga, medio tomate,
      rábanos, un pepino, dos naranjas y una manzana.
CARLOS: Pero no me gustan estas cosas.
PAPÁ: Y en la puerta hay salsa de tomate, mantequilla y pepinos.
      (*El hijo sale de la cocina.*)
MAMÁ: Creo que Carlos no sabe lo que quiere. ¿Tienes hambre
      después de repasar las cosas en el refrigerador?
PAPÁ: Pues, no. Carlos tiene razón. No hay nada que comer.

Actividades de comprensión

I. Rearrange these statements according to the sequence of the
    dialogue.

1. El padre revisa lo que hay en el refrigerador, estante
    por estante.
2. Su madre acaba de venir del supermercado.
3. No hay nada que comer en el refrigerador.
4. Carlos siempre abre y cierra las puertas del refrigerador y
    de la despensa.
5. Su papá le enseña lo que hay en el refrigerador.
6. Él busca algo para comer.
7. Carlos sale de la cocina.
8. Carlos nunca encuentra nada bueno para comer.
9. Su papá dice que Carlos tiene razón.
10. Su madre gastó más de cien dólares.

II. Answer these questions in complete sentences in Spanish.

1. ¿Qué costumbre tiene Carlos?
2. ¿Qué busca él?
3. ¿Qué encuentra en el refrigerador?
4. ¿Cuánto gastó su madre en el supermercado?
5. ¿Qué le enseña su papá a Carlos?
6. ¿Qué hay en los estantes?
7. ¿Qué hay en los cajones?
8. ¿Por qué sale Carlos de la cocina?
9. ¿Quién tiene razón?
10. ¿Por qué dice el padre esto?

III. Personalización

1. ¿Buscas cosas para comer en el refrigerador de tu casa?
2. ¿Qué cosas de comer encuentras?
3. ¿Cuándo haces esto?
4. ¿Por qué lo haces?
5. ¿Cuánto gasta tu madre en el supermercado cada semana?
6. ¿Qué comida te gusta más?

22. En la posada

Es la temporada de Navidad. Lupe ha estado[1] *en muchas posadas en casa de sus amigos. Ahora está en una posada en casa de su amiga Victoria. Su papá llega para llevarla a casa.*

PAPÁ: Hola, mi hijita. ¿Qué tal esta posada?

LUPE: Muy bien, papi. Me divertí muchísimo porque muchos de mis amigos estuvieron aquí. Mira esos adornos originales que Victoria preparó.

PAPÁ: Son muy bonitos pero ahora tenemos prisa. Vamos.

LUPE: Sí, pero mi abrigo está cerca de la salida.

PAPÁ: Vete a recogerlo. Ya vamos.
(*Salen de la casa y caminan por la calle.*)

PAPÁ: Dame la mano, Lupe. (*Lupe saca la mano de su bolsillo.*)
Ay, ¿qué es esto? ¿Por qué tienes las manos tan frías y pegajosas?

---

1. **ha estado** has been

LUPE: Como tuvimos que salir de la fiesta tan temprano, no terminé de comer y . . . metí el helado y los dulces en el bolsillo de mi abrigo.

Actividades de comprensión

I. Sí o No. Indicate whether these statements are true or false. If the statement is false, make it true.
   1. Es el mes de diciembre.
   2. Lupe ha estado en pocas posadas.
   3. Su papá llega a la posada.
   4. No le gustó la fiesta a Lupe.
   5. Lupe preparó los adornos.
   6. Lupe sale tarde de la posada.
   7. Lupe tiene las manos calientes.
   8. Ella metió el helado en el bolsillo de su abrigo.

II. Answer these questions in complete sentences in Spanish.
   1. ¿En qué mes hay posadas?
   2. ¿Dónde ha estado Lupe?
   3. ¿Dónde está Lupe ahora?
   4. ¿Quién llegó para llevarla a casa?
   5. ¿Qué preparó Victoria?
   6. ¿Dónde está el abrigo de Lupe?
   7. ¿Salen temprano o tarde de la fiesta?
   8. ¿Por qué tiene Lupe las manos frías y pegajosas?

III. Personalización
   1. ¿Estuviste tú en una posada?
   2. ¿Te gustan las posadas?
   3. ¿Qué tipo de helado te gusta?
   4. ¿Recibes muchos regalos de Navidad?
   5. ¿Sabes preparar adornos de Navidad?

23. En casa del abogado

Un electricista trabaja en casa de un abogado arreglando los cables de la luz. Está para salir y habla con el abogado.

EL ELECTRICISTA:	Ya estoy para terminar el trabajo.
EL ABOGADO:	¿Puede darme la cuenta ahora?
EL ELECTRICISTA:	Sí, ¡cómo no!
	(*El electricista comienza a calcular la cuenta. Después de diez minutos le da la cuenta al abogado.*)
EL ABOGADO:	¡Caray! ¿Quinientos setenta y cinco dólares? Esto significa que su trabajo vale más de cien dólares la hora. Ni yo que soy abogado gano tanto.
EL ELECTRICISTA:	Lo sé. Por eso dejé de ser abogado y me hice electricista.

Actividades de comprensión

I. Select the word that best completes each statement.

1. Un (plomero, pintor, electricista) trabaja en casa de un abogado.
2. El arregla (la luz, la tubería, las cuentas) del abogado.
3. El abogado le pide (el cheque, la cuenta, el presupuesto).
4. El electricista comienza a (calcular, pagar, cambiar) la cuenta.
5. El electricista cobra (barato, caro, justo).
6. Antes de ser electricista, el señor era (médico, abogado, profesor).

II. Answer these questions in complete sentences in Spanish.

1. ¿Quién trabaja en casa del abogado?
2. ¿Qué arregla él?
3. ¿Qué le pide el abogado?
4. ¿Cuánto tiempo tarda en calcular la cuenta?
5. ¿Cuánto es la cuenta?
6. ¿Cuánto vale su trabajo por hora?
7. ¿Quién gana más dinero, el abogado o el electricista?
8. ¿Qué hizo el electricista antes de hacerse electricista?

III. Personalización

1. ¿Qué trabajo deseas hacer en el futuro?
2. ¿Cómo se gana la vida tu padre? ¿tu madre?
3. ¿Quieres ganar mucho dinero? ¿Por qué?
4. ¿Cuánto dinero quieres ganar?
5. ¿Te gusta la clase de trabajo que hace un electricista? ¿un abogado?

24. En la peluquería

José entra en la peluquería. Es sólo la segunda vez que viene aquí para hacerse cortar el pelo.

EL PELUQUERO: Buenas tardes, señor. Siéntese, por favor.[1]
JOSÉ: Buenas tardes.
EL PELUQUERO: ¿Cómo quiere el corte?
JOSÉ: Use Ud. las tijeras para cortarme el pelo. Deje Ud. el pelo largo al lado izquierdo.
EL PELUQUERO: ¿Y del lado derecho igual?
JOSÉ: No. Allí deje Ud. el pelo muy corto. Quiero tapar la oreja izquierda y exponer la oreja derecha.

---

1. **Siéntese, por favor** Sit down, please

EL PELUQUERO:	Pero, señor. . .
JOSÉ:	(*Le interrumpe.*) Y corte Ud. el pelo de adelante muy, muy corto.
EL PELUQUERO:	Pero, señor. Yo no puedo cortarle el pelo de esta manera.
JOSÉ:	No comprendo porqué no. Así lo hizo la última vez que estuve aquí.

Actividades de comprensión

I. Complete each segment in column A with a segment from column B.

A	**B**
1. El señor entra en	a. ser largo.
2. El señor desea	b. no puede cortarle el pelo así.
3. Quiere el corte	c. hacerse cortar el pelo.
4. El pelo del lado izquierdo debe	d. la última vez.
	e. una peluquería.
5. El señor prefiere el pelo del lado derecho	f. muy corto.
	g. con tijeras.
6. El peluquero dice que	
7. Así lo hizo el peluquero	

II. Answer these questions in complete sentences in Spanish.

1. ¿En qué tienda entra el señor?
2. ¿Por qué entra allí?
3. ¿Qué debe el peluquero usar para cortarle el pelo?
4. ¿Cómo quiere el pelo del lado izquierdo? ¿del lado derecho?
5. ¿Qué desea hacer a la oreja derecha? ¿a la oreja izquierda?
6. ¿Cómo quiere el pelo de adelante?
7. ¿Cuál es la reacción del peluquero a estas instrucciones?
8. ¿Qué responde el señor?

III. Personalización

1. ¿Adónde vas para hacerte cortar el pelo?
2. ¿Con qué frecuencia vas?
3. ¿Cómo se llama la persona que te corta el pelo?
4. ¿Dónde está tu peluquería o salón de belleza?
5. ¿Cuánto cuesta tu corte de pelo?
6. ¿Te gustó cómo esta persona te cortó el pelo la última vez?

25. En el teléfono

Toni está en su oficina cuando suena el teléfono. Lo llama
su esposa. Ella desea saber en qué restaurante van a cenar
esa noche. Toni parece ser muy listo pero es tacaño.

TONI:	Diga.
LA ESPOSA:	Oye, Toni. Sé que estás ocupado, pero ¿por qué no vamos a cenar en aquel restaurante italiano de la ciudad?
TONI:	No, mi amor, la comida no es muy buena allí y es demasiado cara.
LA ESPOSA:	Bueno, entonces vamos al restaurante francés cerca del banco.
TONI:	Tampoco tiene comida buena y fuimos allí el sábado pasado.

LA ESPOSA: ¿Y qué hacemos? ¿Adónde vamos a cenar? Hoy es viernes.
TONI: Yo creo que nuestra cocina es la mejor. Tú cocinas muy bien.
LA ESPOSA: Pero, Toni, tú me prometiste salir fuera a cenar.
TONI: Sí, pero es que no hay comida tan divina como la tuya. Así que vamos a quedarnos en casa. Además es menos caro.
LA ESPOSA: Ay, Toni, no sé lo que voy a hacer contigo. Eres insoportable.

Actividades de comprensión

I. Complete each segment in column A with a segment from column B.

A	**B**
1. El restaurante italiano está	a. cerca del banco.
2. La comida del restaurante italiano es	b. tiene comida buena.
	c. muy bien.
3. El restaurante francés está	d. inferior y cara.
4. El restaurante francés tampoco	e. en la ciudad.
	f. comer en casa.
5. Toni prefiere cenar	g. insoportable.
6. Su esposa cocina	h. en casa.
7. Es más barato	
8. Toni es	

II. Answer these questions in complete sentences in Spanish.
1. ¿Con quién habla Toni?
2. ¿De qué hablan?
3. ¿Qué restaurante prefiere ella?
4. ¿Por qué dice Toni que no deben cenar allí?
5. ¿Cómo es la comida del restaurante francés?
6. ¿Cuál de las cocinas es la mejor, según Toni?
7. ¿Quién cocina muy bien?
8. ¿Qué le prometió Toni a su esposa?
9. ¿Dónde van a cenar?
10. ¿Por qué prefiere Toni cenar allí?

III. Personalización
1. ¿Sabes cocinar?
2. ¿Qué platos te gustan preparar?
3. ¿A quién invitas a comer cuando tú cocinas?
4. ¿Quién lava los platos cuando tú preparas la comida?
5. ¿Quién te ayuda en la cocina?

26. En la caja de un hotel pequeño

Es muy temprano por la mañana. Un huésped del hotel baja de su cuarto y va a la caja para hablar con el hotelero.

EL HOTELERO: Buenos días, señor. ¿Cómo pasó el fin de semana?

EL HUÉSPED: Muy bien, pero me voy a las diez de la mañana.

EL HOTELERO: ¿Qué le pareció nuestro servicio?

EL HUÉSPED: Todo perfecto.

EL HOTELERO: ¿Comió usted en el restaurante del hotel?

EL HUÉSPED: Sí, y la comida está muy rica.

EL HOTELERO: Me alegro de saberlo.

EL HUÉSPED: Ahora me voy pero no tengo un centavo con que pagar la cuenta.

EL HOTELERO: ¿Por qué no me lo dijo ayer cuando llegó?

EL HUÉSPED: No quise echar a perder mi fin de semana.

Actividades de comprensión

I. Rearrange these statements to coincide with the sequence of the dialogue.

1. El servicio le pareció excelente.
2. Se va ahora pero no puede pagar la cuenta.
3. Un huésped del hotel está en la caja.
4. También le gustó el restaurante.
5. Es muy temprano por la mañana.
6. No lo dijo antes para no echar a perder su fin de semana.
7. Pasó el fin de semana muy bien.

II. Answer these questions in complete sentences in Spanish.

1. ¿Dónde pasó el huésped el fin de semana?
2. ¿Dónde está ahora?
3. ¿Con quién habla?
4. ¿Qué dice el huésped acerca del servicio del hotel?
5. ¿Qué le pareció la comida del restaurante?
6. ¿Cuándo se va?
7. ¿Qué problema tiene?
8. ¿Por qué no mencionó su problema cuando llegó al hotel?

III. Personalización

1. ¿Te gusta pasar un fin de semana en un hotel?
2. ¿En qué hotel?
3. ¿Dónde está?
4. ¿Prefieres comer en casa o en un restaurante? ¿Por qué?
5. ¿Qué haces cuando no tienes bastante dinero para pagar una cuenta?

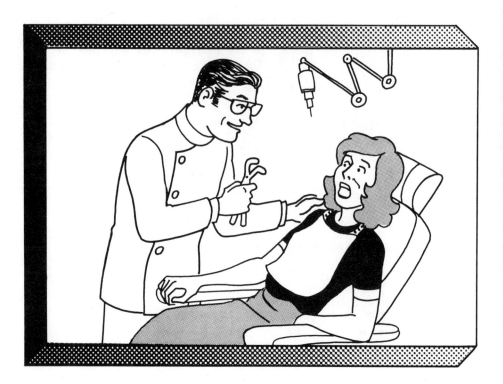

27. En el consultorio del dentista

Anita tiene dolor de muelas. Se encuentra en el consultorio del dentista. El dentista la atiende.

ANITA: Buenas tardes, doctor.

EL DENTISTA: Hola, Anita. ¿Cómo estás?

ANITA: No estoy bien, doctor. Tengo dolor de muelas desde anoche.

EL DENTISTA: Bueno, siéntate y abre la boca. Ah sí, veo el problema. Tengo que sacarte una muela. En un momento vas a estar bien.

(Anita se levanta de la silla después de unos minutos.)

EL DENTISTA: Ahora, Anita, ¿cómo te sientes?

ANITA: Ay, doctor, ahora me duele toda la boca.

EL DENTISTA: No sé por qué tienes ese dolor horrible. Saqué la muela mala.

ANITA: Pues, no creo. Parece que usted sacó una muela buena.

Actividades de comprensión

I. Complete each statement with the necessary word from column A.

	A
1. Anita tiene dolor de_____.	a. boca
2. Está en el_____del dentista.	b. toda
3. No está bien desde_____.	c. muelas
4. El dentista la_____.	d. dolor
5. Se sienta en la silla y abre la_____.	e. atiende
6. El dentista ve el_____.	f. sacar
7. Tiene que_____la muela.	g. problema
8. Ahora le duele_____la boca.	h. buena
9. Según Anita, el dentista le sacó una muela_____.	i. anoche
10. Anita todavía tiene mucho_____.	j. consultorio

II. Answer these questions in complete sentences in Spanish.
1. ¿Dónde está Anita?
2. ¿Por qué fue ella allí?
3. ¿Quién la atiende?
4. ¿Desde cuándo sufre ella?
5. ¿Qué tiene que hacer el dentista?
6. ¿Cuándo se levanta Anita de la silla?
7. ¿Qué le duele ahora?
8. ¿Qué sacó el dentista?
9. ¿Qué muela cree Anita que sacó?
10. ¿Cómo es el dolor que tiene Anita?

III. Personalización
1. ¿Te gusta visitar al dentista? ¿Por qué?
2. ¿Cuántas veces al año visitas al dentista?
3. ¿Es bueno tu dentista?
4. ¿Sufres mucho cuando ves al dentista?
5. ¿Dónde está el consultorio de tu dentista?

28. En el Museo del Prado

*Al entrar en el Museo del Prado en la ciudad de Madrid,
un guía hace preguntas a varias personas que entran.
Parece que hace una encuesta.*

EL GUÍA: Perdonen, señores. Queremos saber porqué decidieron
visitar el museo hoy.

1A PERSONA: Me gustan las pinturas españolas y hay una buena
colección de ellas en este museo.

2A PERSONA: Soy de Colombia y mis amigos hablan mucho de este
museo.

3A PERSONA: Vengo a este museo a menudo.

4A PERSONA: Yo quiero comprar unas tarjetas en la tienda del museo.

EL GUÍA: ¿Y usted, señor? ¿Por qué está aquí hoy?

UN SEÑOR: Para escaparme de la lluvia.

Actividades de comprensión

I. Sí o No. Indicate whether these statements are true or false. If the statement is false, make it true.
  1. Varias personas entran en el museo.
  2. Un guía les pide dinero en la entrada.
  3. Quiere saber porqué visitan el museo hoy.
  4. A la primera persona le gustan las pinturas francesas.
  5. Hay una buena colección de arte español en este museo.
  6. La segunda persona visita el museo porque es turista.
  7. La cuarta persona trabaja en la tienda del museo.
  8. El último señor se escapa del mal tiempo.

II. Answer these questions in complete sentences in Spanish.
  1. ¿Dónde está el guía?
  2. ¿Qué hace allí?
  3. ¿Con quiénes habla él?
  4. ¿Qué desea saber?
  5. ¿Qué le gusta a la primera persona?
  6. ¿Qué buena colección de pinturas hay en este museo?
  7. ¿De dónde es la segunda persona?
  8. ¿Por qué visita el museo esta persona?
  9. ¿Qué quiere comprar la cuarta persona?
  10. ¿Por qué entró el último señor en el museo?

III. Personalización
  1. ¿Te gusta visitar los museos?
  2. ¿Qué tipo de museo prefieres tú?
  3. ¿Por qué?
  4. ¿Dónde está este museo?
  5. ¿Vas al museo a menudo?
  6. Al salir del museo, ¿adónde vas?

29. En el Café Gijón

Dos amigos acaban de regresar juntos del cine. Ahora están en un café. Hablan de los sueños.

LUIS: Sabes que anoche yo soñé con algo horrible.
DANIEL: Sí. ¿Cómo era?[1]
LUIS: Camino solo por el parque. De repente veo algo muy extraño delante de mí.
DANIEL: ¿Qué es?
LUIS: Es una nave espacial y una criatura muy extraña sale de ella.
DANIEL: ¿Cómo es la criatura?
LUIS: Es verde y muy fea. Tiene un solo ojo en medio de la cara y un

---

1.**¿Cómo era?** What was it like?

brazo que sale de su pecho. Sus pies son como las patas de un cocodrilo.

DANIEL: ¿Y qué pasa?

LUIS: Camina hacia mí. Yo me detengo porque tengo miedo.

DANIEL: ¿Y te habló?

LUIS: Sí, me dijo con una voz muy ronca: —Necesito conocer a su líder.

DANIEL: ¿Qué contestaste?

LUIS: Mi líder no te puede ayudar. ¡Lo que Ud. necesita es conocer a un cirujano plástico!

Actividades de comprensión

I. Complete each statement with the appropriate word from those given.

espacial	ojo	horrible	miedo
hacia	cocodrilo	parque	voz
líder	cirujano	extraño	pies
criatura			

1. Anoche Luis soñó con algo _____.
2. Ve algo _____ mientras camina por el _____.
3. Es una nave _____.
4. La _____ es verde y muy fea.
5. Tiene un solo _____ en medio de la cara, un brazo, y sus _____ son como las patas de un _____.
6. Esta figura camina _____ Luis.
7. Luis tiene mucho _____.
8. Quiere conocer al _____ de Luis.
9. Habla con una _____ ronca.
10. Según Luis, esta figura debe ver a un _____ plástico.

II. Answer these questions in complete sentences in Spanish.

1. ¿Dónde están Luis y Daniel?
2. ¿De dónde acaban de venir?
3. ¿Cómo es el sueño de Luis?
4. ¿Por dónde camina Luis?
5. ¿Qué ve delante de él?
6. ¿Qué sale de allí?
7. ¿Cómo es la criatura? Descríbela.

8. ¿Cómo son sus pies?
9. ¿Qué reacción tiene Luis?
10. ¿Cómo es la voz de la criatura?
11. ¿A quién desea conocer?
12. ¿A quién necesita conocer, según Luis?

III. Personalización

1. ¿Vas al cine con frecuencia?
2. ¿Qué clase de películas prefieres ver?
3. ¿Con quién vas al cine?
4. ¿Adónde vas después del cine?
5. ¿Cómo son tus sueños?
6. Describe uno de tus sueños.

30. En la mesa

Una chica entra en un restaurante y se sienta en el mostrador. El camarero toma su orden.

LA CHICA:	Me gustaría[1] una hamburguesa, papas fritas y una Coca Cola.
EL CAMARERO:	¿Quiere la hamburguesa con queso, señorita?
LA CHICA:	Sí, y con muchos pepinillos, también.
EL CAMARERO:	Bien. (*Unos momentos después.*) Aquí está todo.
LA CHICA:	Gracias.
EL CAMARERO:	A usted.

---

1. **gustaría** I would like

(*Más tarde la chica llama al camarero y le dice:*)

LA CHICA: ¡Qué horror! Usted me debe otra hamburguesa porque la primera estaba[2] fría y dura.

EL CAMARERO: ¿Por qué no me lo dijo antes? Ud. comió casi toda la hamburguesa.

LA CHICA: Porque quería[3] ver si toda la hamburguesa estaba fría o solamente una parte.

---

2. **estaba** was 3. **quería** I wanted

Actividades de comprensión

I. Complete each segment in column A with a segment in column B.

A	B
1. Una chica entra en	a. su orden.
2. Ella se sienta	b. con queso y pepinillos.
3. El camarero toma	c. llama al camarero.
4. Ella pide	d. un restaurante.
5. Quiere la hamburguesa	e. otra hamburguesa.
6. Más tarde la chica	f. en el mostrador.
7. Ella quiere	g. una hamburguesa, papas fritas y un refresco.
8. La primera hamburguesa estaba	h. casi toda la hamburguesa.
9. Ella comió	i. toda la hamburguesa estaba fría.
10. Quería ver si	j. fría y dura.

II. Answer these questions in complete sentences in Spanish.

1. ¿En dónde entra la chica?
2. ¿Dónde se sienta?
3. ¿A quién le da la orden?
4. ¿Qué pide ella?
5. ¿Qué más pide?
6. ¿Cómo estaba la hamburguesa?
7. ¿Qué desea ella?
8. ¿Cuánto comió de la primera hamburguesa?
9. ¿Por qué no dijo nada al camarero antes?
10. ¿Cómo le gusta la hamburguesa a la chica?

III. Personalización

1. ¿Qué pides de comer cuando estás en un restaurante?
2. ¿Cuál refresco te gusta más?
3. ¿Devuelves algo a la cocina de un restaurante si no te gusta?
4. ¿Puedes trabajar de camarero o camarera en un restaurante?
5. ¿Cómo reaccionas si alguien te dice que no le gusta algo que tú preparaste de comer?

Ejercicios

1. En la aduana del aeropuerto internacional

I. Vocabulario

A. Cognates are words which are spelled similarly in Spanish and in English and which have a similar root or element in both languages. *Declaración* is a cognate of *declaration*. Generally, English nouns ending in *-tion* will end in *-ción* in Spanish. Form the Spanish equivalent of the following:

1. information
2. confirmation
3. reservation
4. constitution
5. attention

6. celebration
7. definition
8. solution
9. situation
10. condition

B. Synonyms are words which have a similar meaning. Match these synonyms:

A	B
1. viaje	a. linda
2. ahora	b. simpático
3. bonita	c. excursión
4. estupendo	d. conversar
5. amable	e. en este momento
6. hablar	f. fabuloso

C. Antonyms are words which have an opposite meaning. Match these antonyms:

A	B
1. ciudad	a. allí
2. simpático	b. más tarde
3. aquí	c. feo
4. bonito	d. campo
5. ahora	e. antipático

II. Verbos

A. Complete each statement with the appropriate form of *ser* or *estar*.

1. La señora Torres _____ de Buenos Aires.
2. Yo _____ de Venezuela.
3. ¿De dónde _____ ustedes?
4. ¿Cómo _____ la ciudad?
5. Roberto y yo _____ en el aeropuerto.
6. Madrid _____ la capital de España.
7. El aduanero _____ simpático.
8. ¿Dónde _____ la declaración?
9. Yo _____ un pasajero.
10. Tú y yo _____ muy bien.

B. Complete the crossword puzzle with the appropriate form of the verbs indicated.

Horizontal	Vertical
1. regresar (tú)	2. preguntar (él y yo)
3. estar (yo)	4. ser (yo)
5. ser (nosotros)	6. viajar (ellos)
7. hablar (Ud.)	

III. Estructura

A. Unscramble the words to form a sentence in Spanish.

1. señora/va/Acapulco/a/la
2. muchas/aduanero/pregunta/el/cosas
3. bonita/muy/Lima/es
4. ¡/estupendo/qué/viaje/!
5. Montevideo/es/señorita/de/la
6. ¿/está/dónde/Bogotá/?
7. muy/eres/simpático/tú

B. Complete the following passage by inserting the necessary words from those given below.

ciudad   es   simpático   de
está   pasajero   aduanero

Carlos es de Bogotá. Es la capital __1__ Colombia.
Bogotá es una __2__ moderna. Ahora Carlos __3__ en el
aeropuerto de México. Habla con el __4__ porque
necesita darle su declaración. El señor es __5__; no es
antipático.

71

2. En la cocina

I. Vocabulario

A. **Match** these synonyms. Then complete the sentence with the word that appears in the boxes.

A	B
1. hablar	a. $\boxed{c}$ ocinar
2. me encanta	b. c $\boxed{o}$ nversar
3. vegetales	c. ma $\boxed{m}$ i
4. preparar	d. m $\boxed{e}$ gusta
5. mamá	e. legumb $\boxed{r}$ es

Me gusta _____mucho.

B. **Match** these antonyms. Then complete the sentence with the word that appears in the boxes.

A	B
1. poco	a. anoc $\boxed{h}$ e
2. mami	b. pap $\boxed{i}$
3. esta noche	c. hi $\boxed{j}$ a
4. hijo	d. much $\boxed{o}$

Paco es el _____de su mamá.

II. Verbos

Unscramble these sentences to practice the expression *ir a*. Make whatever changes are needed.

1. mamá/ir/preparar/a/cacerola/una/la
2. yo/ir/comer/seis/a/las/a
3. tu/ir/hablar/a/tú/papá/con
4. ¿/por qué/ir/llorar/a/ellos/?
5. ¿/cuándo/preparar/ir/la/a/cena/tú/?

III. Estructura

A. ¿Qué hora es? Write the time shown in each of the clocks in Spanish.

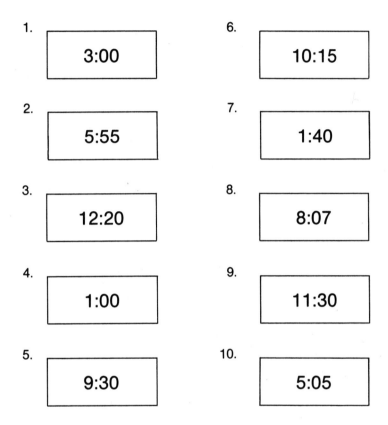

1. 3:00
2. 5:55
3. 12:20
4. 1:00
5. 9:30
6. 10:15
7. 1:40
8. 8:07
9. 11:30
10. 5:05

B. ¿A qué hora? Answer these questions using the time indicated in parentheses.

1. ¿A qué hora van a cenar Uds.?　(6:15)
2. ¿A qué hora vas a la escuela?　(7:30)
3. ¿A qué hora van ellos al aeropuerto?　(12:20)
4. ¿A qué hora vas a regresar de la ciudad?　(5:45)
5. ¿A qué hora va a hablar ella con el profesor?
   (1:10)

C. Read this paragraph and then select the appropriate word from those given to complete each statement.

hora   hija   cocina   vegetales   dentro de   llora

La familia Godoy va a cenar pronto. La mamá está en la ____1____. Prepara una cacerola de ____2____. La ____3____, que se llama Lourdes, habla con ella. Desea saber a qué ____4____ van a cenar. Su mamá ____5____porque las cebollas son muy fuertes. La mamá dice que van a cenar ____6____media hora.

3. En el gimnasio

I. Vocabulario

A. Diminutives. The suffix -*ito* or -*cito* is used to indicate smallness of size or affection in Spanish. For example: Miguel — Miguelito; Ana — Anita; dolor — dolorcito. Form the diminutives of these words.

1. Ramón
2. casa
3. hijo
4. gordo
5. Reinaldo

B. Antonyms. Match the following words or expressions which have opposite meanings.

A	B
1. gordo	a. pocos
2. muchos	b. mujer
3. junto	c. delgado
4. hombre	d. nadie
5. vestido	e. enemigo
6. amigo	f. separado
7. todo el mundo	g. desnudo

II. Verbos

A. Complete the sentences using the appropriate form of the verb given in the model with the subjects indicated.

1. Joseíto tiene que perder diez libras.

   Tú _____.

   Los amigos _____.

   Yo _____.

   Joseíto y yo _____.

   ¿Quiénes _____?

2. Los amigos hacen muchos ejercicios.

   Nosotros _____.

   Reinaldo _____.

Tú _____.

Yo _____.

¿Quién _____?

3. Me gusta el fútbol.

_____ la cacerola.

_____ los ejercicios.

_____ estudiar español.

_____ jugar béisbol.

_____ preparar la cena.

B. In each of the following statements, supply the appropriate form of the correct verb, *gustar, tener,* or *hacer,* as required by the meaning of the statement.

1. Joseíto no _____ razón.
2. Yo _____ muchos ejercicios.
3. ¿Te _____ el fútbol?
4. Yo _____ que perder peso.
5. Las cebollas me _____ llorar.
6. Me _____ las cacerolas.
7. La mamá _____ que preparar la cena.

III.   Estructura

A. Adverbs. In Spanish to form the equivalent of the English *-ly* ending, *-mente* is added to the adjective, except if the adjective ends in *-o.* In this case, the feminine singular form must be used before adding the ending.

Example: triste — tristemente (sadly)
formal — formalmente (formally)
rápido — rápida — rápidamente (rapidly)

1. final
2. especial
3. correcto
4. inmediato
5. verdadero

6. reciente
7. amable
8. fuerte
9. imposible
10. necesario

B. Unscramble these sentences.

1. gusta/fútbol/el/le
2. regresa/papá/un/de/el/América/a/viaje/Sud
3. media/todos/y/las/seis/cenan/a
4. cocina/en/la/prepara/la/señora/cena/la
5. Roberto/seis/que/regresar/tiene/a/casa/a/las
6. el/hace/gimnasio/su/hijo/Roberto/en/ejercicios

4. En el banco

I. Vocabulario

A. Match the following antonyms.

A		B	
1.	señor	a.	mañana
2.	hoy	b.	blanco
3.	preguntar	c.	sin
4.	nadie	d.	señora
5.	negro	e.	todo el mundo
6.	con	f.	contestar

B. Complete each statement with words based on the *diálogo*.
Transfer the words to the appropriate place on the *crucigrama*.

1. El señor tiene una _____ (3 Vertical)
   importante hoy.
2. Es a las _____ y cuarto. (4 Vertical)
3. _____ lo ayuda a vestirse. (7 Horizontal)
4. Lleva un calcetín rojo, y otro (5 Horizontal)
   _____.
5. _____ días, señor Sánchez. (6 Vertical)
6. El director está en su _____. (1 Vertical)
7. Ellos _____ mucha (2 Horizontal)
   confianza.

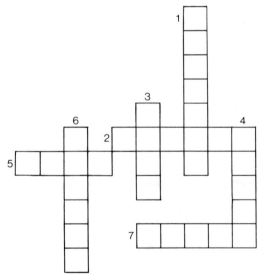

78

II. Verbos

A. Complete each statement with the appropriate reflexive pronoun.

Yo ____visto solo.   Yo me visto solo.

1. El señor _____lava solo.
2. Tú _____cepillas los dientes.
3. Reinaldo y yo _____desayunamos juntos.
4. ¿Quién _____baña ahora?
5. Los amigos _____levantan a las ocho.
6. Yo _____peino aquí.

B. Supply the appropriate form of the verbs given in parentheses.

1. Yo _____todos los días.   (lavarse)
2. Ellos _____rápidamente.   (vestirse)
3. La chica _____a las siete y media. (desayunarse)
4. Nosotros _____temprano.   (levantarse)
5. ¿Quiénes _____los dientes?   (cepillarse)
6. El jefe y yo _____en el sofá.   (sentarse)
7. Tú _____Pepe.   (llamarse)

III. Estructura

A. Complete each statement with the appropriate form: *del, de la, de los, de las.*

1. Es el director _____banco.
2. Es la hora _____cena.
3. Los chicos regresan _____gimnasio.
4. El azul es el color _____calcetines.
5. Son las declaraciones _____pasajeros.
6. 140 libras es el peso _____señora.
7. Es la oficina _____directoras.

B. Complete each statement with the appropriate possessive adjective based on the subject in each sentence. Possessive adjectives to be used are: *mi, tu, su, nuestro.*

1. Los pasajeros tienen _____declaración.
2. El director está en _____oficina.
3. Tenemos una cita con _____jefe.

4. Tú tienes que preparar _____cena.
5. Rosita hace _____ejercicio.
6. No me gusta _____peso.
7. Regresamos de _____viaje a España.
8. Los señores hablan de _____ciudad.
9. Hablamos con _____mamá.
10. El cajero habla con _____directora.

5. En el autoservicio

I. Vocabulario

A. Indicate the word that does not fit in the group.

1. cebolla	tomate	hamburguesa	pepino
2. autoservicio	restaurante	cafetería	mesero
3. café	jardín	árboles	flores
4. pasajero	declaración	turista	viajero
5. leche	vino	cigarrillo	licor

B. Some English nouns which end in *-ty* end in *-dad* in Spanish. These nouns are feminine. Write the Spanish cognate of these English nouns and show the appropriate definite article.

Ejemplo: *opportunity — la oportunidad*

1. variety
2. identity
3. society
4. capacity
5. publicity
6. velocity
7. popularity

II. Verbos

A. Complete the sentences using the appropriate form of the verb given in the model with the subjects indicated.

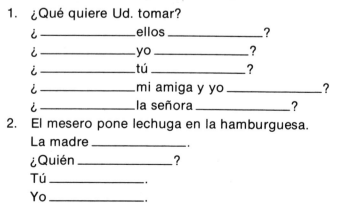

1. ¿Qué quiere Ud. tomar?

¿ _____ ellos _____?

¿ _____ yo _____?

¿ _____ tú _____?

¿ _____ mi amiga y yo _____?

¿ _____ la señora _____?

2. El mesero pone lechuga en la hamburguesa.

La madre _____.

¿Quién _____?

Tú _____.

Yo _____.

Tú y él _____.

Marisol y Raúl _____.

B. Change the following statements to say that you are *going to* do the following.

Ejemplo: *Quiero comer más tarde. Voy a comer más tarde.*

1. Tú quieres hacer un viaje.
2. La familia quiere cenar a las seis.
3. Yo quiero tomar un café.
4. Ella y yo queremos preparar una cacerola.
5. Ustedes quieren jugar fútbol.
6. ¿Quién quiere hablar con el jefe?
7. Yo quiero ser deportista.

III. Estructura

A. Write an appropriate question for each statement.

1. Voy a tomar una hamburguesa.
2. El señor tiene que hacer un viaje.
3. Me levanto a las seis.
4. La mamá está en la cocina.
5. Somos de Caracas.
6. Hablan con el aduanero.
7. Vamos a comer más tarde.
8. Como rápidamente porque tengo prisa.

B.. Complete each statement with the prepositions *a, con, de, en,* or *por.*

1. La señora entra _____ el autoservicio.
2. Vas _____ comer rápidamente.
3. Tiene una cita _____ su director.
4. Los señores González son _____ Puerto Rico.
5. Paso _____ la ciudad _____ Santo Domingo.
6. Ceno _____ las siete.
7. Estoy _____ viaje.
8. Prefiero la hamburguesa _____ queso.
9. ¿ _____ qué hora es tu clase?
10. ¿ _____ quiénes hablas?

6. En el restaurante

I. Vocabulario

A. The words listed below are related to the theme of eating in a restaurant. After you have checked the meaning of these words, match them to the drawings.

a.	la carta	f.	la cuenta	k.	el cuchillo
b.	el vaso	g.	la mesa	l.	la cuchara
c.	el plato	h.	la silla	m.	la cucharita
d.	la propina	i.	el mantel	n.	la taza
e.	la servilleta	j.	el tenedor	o.	el camarero

1.

6.

11.

2.

7.

12.

3.

8.

13.

4.

9.

14.

5.

10.

15.

B. Unscramble these words and then form a complete sentence with them.

    1. s/t/e/á

    2. é/q/u

    3. a/l

    4. p/s/a/o

    5. a/i/r/c

       La oración completa es

       ¡ ————————————————!

C. Select the word that does not fit in the group.

1.	mesa	cuchillo	tenedor	cuchara
2.	silla	mesa	camarero	mantel
3.	comer	beber	tomar	pagar
4.	café	agua	té	taza
5.	propina	dinero	plato	cuenta

II.   Verbos

A. Complete the sentences using the appropriate form of the verb given in the model with the subjects indicated.

    1. El señor pide una tortilla.

       Tú ————————————.

       Mi mamá y yo ————————————.

       ¿Quién ————————————?

       Los chicos ————————————.

    2. Tú sirves la comida.

       Yo ————————————.

       Ustedes ————————————.

       Nosotros ————————————.

       El camarero ————————————.

    3. El cocinero sabe cocinar muy bien.

       Ella ————————.

       ¿Quiénes ————————?

       Yo ————————.

       Tú y ella ————————.

B. Select the verb needed in each sentence and then complete the sentence with the appropriate form of that verb.

pedir   servir   saber   ir   tomar

1. Ellos _____a un restaurante.
2. Yo no _____dónde está el camarero.
3. Cuando llega el camarero, los señores _____la cena.
4. La criada _____la cena en el comedor.
5. El camarero me pregunta: ¿Qué _____ usted?
6. Tú _____hacer gazpacho.
7. ¿Quién _____la cuenta?
8. Yo _____la sopa con la cuchara.
9. Mi papá y yo _____donde queremos comer.
10. El cliente _____la carne asada.

III. Estructura

A. Complete each statement with the appropriate preposition.

1. ¿Qué van _____pedir?
2. El consomé es la sopa _____día.
3. Deseo arroz _____pollo.
4. Están _____el restaurante.
5. Es la sopa _____la señorita.

B. Form sentences using the words in the order given. You may have to add other necessary words.

Ejemplo: Jaime/ir/Luz/restaurante.
Jaime va con Luz al restaurante.

1. Camarero/saludar/clientes.
2. ¿Cuál/ser/sopa/día?
3. Yo/desear/gazpacho.
4. ¡Qué/deliciosa/estar/sopa!
5. Ahora/yo/saber/gazpacho/ser/sopa/fría.

7. En el dormitorio de Paco

I. Vocabulario

A. To express a very high degree of an adjective when no comparison is involved, the suffix *-ísimo (-a, -os, -as)* is often used in Spanish.

Ejemplo: mucho — muchísimo

(1) Adjectives ending in a vowel drop the final vowel before adding *-ísimo.*
(2) Adjectives ending in *-co* change to *-qu* before adding *-ísimo.*
(3) Adjectives ending in *-go* change to *-gu* before adding *-ísimo.*

Ejemplos: rico — riquísimo   largo — larguísimo

Form the superlative of these adjectives using *-ísimo.*

1. famoso	6. generoso
2. cansados	7. fea
3. difícil	8. guapos
4. altas	9. fácil
5. popular	10. rápido

B. Indicate the antonym of these words and write them in the *crucigrama.*

1. poquísimo
2. hijo
3. hola
4. todo
5. papá
6. poco
7. aquí

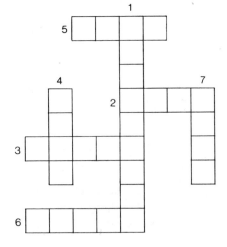

II. Verbos

Complete the sentences using the appropriate form of the verb given in the model with the subjects indicated.

1. El chico no hace nada.

   Yo _____.

   Las muchachas _____.

   Tú _____.

   Mi amigo y yo _____.

2. Tú dices la verdad.

   ¿Quién _____?

   Ustedes _____.

   Yo _____.

   La profesora y yo _____.

3. Nosotros tenemos que hacer la tarea.

   Yo _____.

   Los estudiantes _____.

   Tú _____.

   La alumna _____.

4. Yo puedo hablar español muy bien.

   Los niños _____.

   El profesor _____.

   Tú _____.

   Él y yo _____.

III. Estructura

A. Unscramble these words to form sentences. You may have to add other necessary words or make some necessary changes.

1. decir/muchísimo/yo/clase/en
2. él/hablar/mañana/poder/profesor/el/con
3. estudiar/alumnos/clase/en/español/los/mucho/de
4. tener/yo/miércoles/tarea/para
5. ir/ella/a/poquito/hacer

B. Complete this dialogue by responding to the statement or question made by *la maestra*.

Escena: La maestra de español habla contigo.

1. La maestra dice: ¿Por qué estás tan contento hoy?
   Tú respondes: ＿＿＿＿＿＿
2. La maestra dice: ¿Dónde está la tarea para hoy?
   Tú respondes: ＿＿＿＿＿＿
3. La maestra dice: No está completa. ¿Por qué?
   Tú respondes: ＿＿＿＿＿＿
4. La maestra dice: Voy a llamar a tus padres.
   Tú respondes: ＿＿＿＿＿＿

8. En la calle

I. Vocabulario

A. Match the words in column A with those in column B. Both synonyms and antonyms are included.

A	B
1. sale	a. aquí*
2. contigo*	b. subir
3. bien	c. aparcar
4. allí	d. entra
5. largo*	e. conmigo*
6. bajar	f. corto
7. estacionar*	g. mal*

B. Create an original sentence for each of the words that are starred in exercise A.

C. Match the word in column A with the group of verbs in column B with which that word is associated.

A	B
1. llave	a. viajar, visitar, conocer
2. mamá	b. abrir, cerrar
3. calle	c. nadar, sudar, pesar, practicar
4. viaje	
5. autoservicio	d. comer, beber, pagar, pedir
6. gimnasio	
	e. manejar, caminar, correr
	f. ayudar, querer, cuidar

II. Verbos

A. Complete each sentence with the appropriate form of the verbs following the model in each pattern.

1. Yo quiero sentarme al lado de papá.

   Ella _____ _____ al lado _____ mamá.

   Tú _____ _____ al lado _____ profesor.

   Uds. _____ _____ al lado _____ chicos.

   Él y yo _____ _____ al lado _____ directora.

89

2. El chico tiene que portarse bien.

Yo _____ que _____ bien.

¿Quién _____ que _____ bien?

Tú _____ que _____ bien.

Los señores _____ que _____ bien.

Enrique y yo _____ que _____ bien.

B. Complete each statement with the appropriate form of the verbs *jugar, entrar,* or *salir.*

1. El papá _____ de la casa a las dos.
2. Los niños _____ en el jardín.
3. La mamá _____ en la cocina.
4. Ellos _____ fútbol.
5. Tú y yo _____ a comer.
6. Me gusta mucho _____ tenis y béisbol.
7. Yo _____ del hotel.
8. Nosotros _____ muy bien.
9. Ramón y Julia _____ en el autoservicio.
10. Los alumnos _____ de la clase.

III. Estructura

A. Complete each statement using *con* and a pronoun based on the sentences given. Example: Yo voy con María. Yo voy *con ella.*

1. Elena va con la señora.

   Elena va _____.
2. Nosotros vamos juntos.

   Tú vas _____.
3. Tú y yo vamos a la escuela.

   Yo voy _____.
4. Jorge y nosotros vamos a estudiar.

   Jorge va a estudiar _____.
5. Voy al autoservicio contigo, con Juan y con Claudia.

   Voy al autoservicio _____.

B. Complete these statements with the appropriate form:

al   a la   a los   a las

1. Yo hago planes para ir _____aeropuerto.
2. Ella quiere ir _____cafetería.
3. Tú sabes llegar _____calle Ocho.
4. Yo me siento _____lado de usted.
5. Yo salgo para el gimnasio _____tres y diez.
6. El camarero sirve _____clientes.
7. Usted tiene que ayudar _____señor.

9. En la clase de ciencias

I. Vocabulario

A. **Using** the drawing, identify the parts of the body in Spanish from the list given.

la pierna
el cuello
el pelo
el ojo
la cabeza
el pecho
el estómago
la nariz
el oído
la boca
los dedos del pie
la mano
el pie
los dedos
la cara

B. Complete the *crucigrama* by providing the Spanish equivalent of the words given.

Horizontal	Vertical
3. neck	1. finger
4. mouth	2. ear
5. leg	6. stomach
8. hand	7. foot
10. chest	9. hair
11. eye	12. nose
	13. face

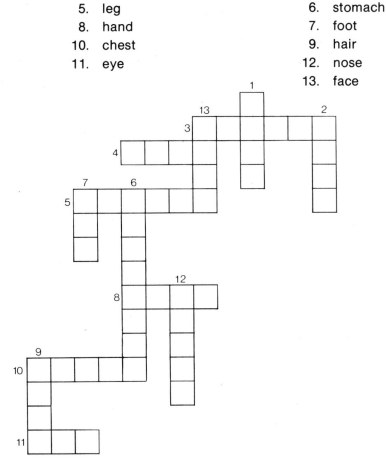

C. Complete each statement with the appropriate part of the body.

1. Para correr usamos _____.
2. Para ver usamos _____.
3. Para hablar usamos _____.
4. Para escribir usamos _____.
5. Para respirar usamos _____.
6. Para escuchar usamos _____.

II. Verbos

A. Complete each statement with the appropriate form of *dormir.*

1. Yo _____en el hotel.
2. Elena _____en la cama.
3. Mi papá _____en la silla.
4. Los bebés _____ocho horas.
5. Mis amigos y yo _____en esta clase.
6. Tú _____por la mañana.

B. Complete each statement with the appropriate form of *sentirse.*

1. ¿Cómo _____tú?
2. Mi abuelo no _____bien hoy.
3. Tú siempre _____muy bien.
4. Ellos _____enfermos.
5. Yo _____contento.
6. ¿Quiénes no _____cansados?

III. Estructura

Complete each sentence with the appropriate idiom with *tener.*

1. Un ratoncito entra en el cuarto; Esteban _____.
2. Vamos a un restaurante porque nosotros _____.
3. Yo respondo bien a la pregunta y el profesor dice que yo _____.
4. Tú duermes doce horas porque tú _____.
5. Tomamos un refresco cuando nosotros _____.
6. Mi padre toma dos aspirinas cuando él _____.
7. Cuando los niños cruzan la calle tienen que _____.
8. Hoy es el cumpleaños de Ramón y yo le pregunto: ¿Cuántos _____tú?
9. Llevo un suéter cuando yo _____.
10. Voy a nadar en la piscina porque yo _____.
11. Son las siete y veinticinco y el autobús de la escuela llega a las siete y media. Los niños _____ ahora.

10. En una fuente de la buenaventura

I. Vocabulario

A. Many words that end in *-ry* in English can be formed in Spanish by changing the *-ry* to *-rio*. For example: *legendary — legendario*. Change these words from English to Spanish.

1. diary	6. secondary	11. territory
2. honorary	7. documentary	12. secretary
3. primary	8. sanitary	13. extraordinary
4. ordinary	9. exploratory	14. observatory
5. canary	10. laboratory	15. centenary

B. Match these synonyms.

A	B
1. esposa	a. la gente
2. famoso	b. querer
3. bonita	c. vieja
4. antigua	d. mujer
5. desear	e. linda
6. las personas	f. ilustre

C. Match these antonyms.

A	B
1. marido	a. fea
2. famoso	b. salir
3. bonita	c. moderno
4. llegar	d. también
5. tampoco	e. malo
6. ninguna	f. esposa
7. antiguo	g. alguna
8. bueno	h. desconocido

II. Verbos

A. Answer these questions in complete sentences in Spanish. Use the verb in each question to form your answer.

1. ¿Pagan Uds. con una tarjeta de crédito?
2. ¿Tienes tú mucho dinero?
3. ¿Creen Uds. en la buenaventura?
4. ¿Qué busca el chico?

5. ¿Quieres hacer un viaje a Madrid?
6. ¿A qué hora llegas a la escuela?
7. ¿Siempre dices la verdad?
8. ¿Qué haces en la clase? (nada)

B. Write the verbs from your responses to the questions in exercise A in this *crucigrama*.

III. Estructura

A. Complete these statements with the correct form of the adjective indicated.

1. Es una fuente _____. (antiguo)
2. Ella lee la guía_____. (turístico)
3. Juan desea tener _____suerte. (bueno)
4. Los sitios de Madrid son muy_____.
   (bonito)
5. El Prado es un museo _____de Madrid.
   (famoso)
6. Su esposa no tiene _____moneda.
   (ninguno)

96

7. Buscan monedas en _____ los bolsillos. (todo)
8. Visitar las plazas de Madrid es una excursión _____. (interesante)
9. La Gran Vía es una avenida _____ de Madrid. (largo)
10. Los turistas son _____. (feliz)

B. Select the adjective from the column at the right that is needed to complete each statement.

1. Madrid es una ciudad . . . .   a. cómodos
2. ¡Qué . . . . fuente!   b. buena
3. Ellos no tienen . . . . dinero. c. ningún
4. Es la fuente de la . . . . ventura. d. importante
5. Compramos una guía . . . .   e. turística
6. Los turistas hacen . . . .   f. bonita
   excursiones.
7. Los autobuses de España son   g. muchas
   muy . . . .

C. Read this paragraph and then select the appropriate word from those given below to complete each statement.

Ahora los turistas visitan España. Están en la ____1____ de Madrid donde hay muchos lugares ____2____ y famosos. Hacen una excursión a la Plaza de España donde ____3____ una estatua de don Quijote y su amigo Sancho Panza. Los monumentos ____4____ la ciudad ____5____ antiguos. Generalmente los madrileños oyen esta ____6____ de los turistas: ¡Qué ____7____ fuente! ¡Qué ____8____ museo! Pero ya tienen prisa ____9____ tienen que regresar ____10____ hotel a las cinco.

          hay   porque   al   de   son
    ciudad   exclamación   buen   bonita   interesantes

11. En casa

I. Vocabulario

Complete these sentences using the following words:

temperatura   dormir   tarde   mañana
estudian   médico   estómago   exámenes

1. Para aprender los alumnos _____.
2. Los maestros dan _____a los alumnos.
3. Si hoy es jueves, _____es viernes.
4. Hoy hace calor; la_____es de 92 grados.
5. Cuando comemos, la comida pasa de la boca
   al _____.
6. Cuando tengo sueño me gusta _____.
7. El profesional que cura a los enfermos es
   el _____.
8. Soy muy puntual; no me gusta llegar _____
   a una cita.

II. Verbos

A. Complete these sentences following the example.
Ejemplo: A mí *me duele* el estómago.

1. A Paco _____ _____los dientes.
2. A ellos _____ _____la boca.
3. A ti_____ _____los pies.
4. A nosotros _____ _____la garganta.
5. A mí_____ _____la cabeza.

B. Unscramble these sentences. Make whatever changes are needed.

1. el chico/examen/tener/mañana
2. yo/estudiar/mucho/días/todos/los
3. el/pobre/niño/no/bien/sentirse
4. ¿/por qué/no/poder/ella/ir/escuela/a/la/?
5. tú/creer/que/ir/llamar/al/a/médico
6. a la niña/doler/mucho/estómago/el/le

98

C. Repaso de verbos. Complete the *crucigrama* with the forms of the verbs indicated.

Horizontal	Vertical
2. preferir (tú)	1. comer (ellos)
4. decir (yo)	3. regresar (nosotros)
5. tener (él)	7. viajar (usted)
6. estar (ellos)	9. ser (tú)
8. querer (él y yo)	11. desear (ellos)
10. saber (yo)	13. hacer (yo)
12. entrar (ella y yo)	15. poner (yo)
14. salir (yo)	
16. ir (yo)	

III. Estructura

A. **Complete** these statements with the appropriate word. You may consult the story if you need help.

1. Le _____ el estómago.
2. Andrés _____ que se siente mejor.
3. Su mamá va a llamar _____ médico.
4. Andrés estudia _____ un examen de matemáticas.
5. Ya no tiene _____ de estómago.
6. Desea dormir un poco _____.
7. Por la mañana dice que no _____ siente bien.
8. No puede _____ a la escuela.

B. **Reorder** the sentences in exercise A to form a summary of the story.

12. En la puerta de la casa

I. Vocabulario

A. Match these synonyms.

	A		**B**
1.	señora	a.	perdón
2.	prueba	b.	dama
3.	lo siento	c.	colegio
4.	escuela	d.	examen

B. Match these antonyms.

	A		**B**
1.	ir	a.	nunca
2.	ayer	b.	correr
3.	chico	c.	ganar
4.	caminar	d.	regresar
5.	perder	e.	entrar
6.	siempre	f.	chica
7.	salir	g.	mañana

C. Many words that end in -*ent* in English form the Spanish by adding -*ente*. Give the Spanish equivalent of the following words. Remember to pronounce the final -*e*.

Ejemplo: president — *presidente*

1.	resident	7.	consistent
2.	agent	8.	present
3.	continent	9.	evident
4.	incident	10.	negligent
5.	orient	11.	detergent
6.	pertinent	12.	urgent

II. Verbos

A. Complete each sentence with the appropriate form of the verb given in the model.

1. El señor pierde el tren.

Tú _____.

Yo _____.

101

Ella y yo _____.
Los señores _____.
2. La chica sigue enferma.
Yo _____mal.
Usted y ella _____las instrucciones.
Tú _____con catarro.
Pablo y yo _____con dolor de estómago.

B. For each sentence make up a question using *hay*. You will have to add or change words.
Ejemplo: La fiesta está aquí. *¿Hay una* fiesta aquí?

1. El aeropuerto está cerca del pueblo.
2. La cafetería está en el segundo piso.
3. El banco está entre el cine y la bodega.
4. La fuente está en la plaza.
5. El cine está por aquí.
6. La estación está cerca del hotel.

III. Estructura

A. Create a phrase using the words given to express possession using *de*.
Ejemplo: clase/chica   la clase de la chica

1.	carro/familia	6.	hijo/director
2.	declaración/señor	7.	clases/maestras
3.	fuente/ciudad	8.	sopa/cliente
4.	fiesta/chicos	9.	llave/puerta
5.	cacerola/señora	10.	ropa/niños

B. Use the preposition *de* to form a phrase in which one of the nouns is used as an adjective.
Ejemplo: clase/español   la clase de español

1. cacerola/cebollas
2. club/español
3. mapa/España
4. lección/matemáticas
5. examen/inglés

102

C. Read this paragraph and then select the appropriate word from those given below to complete each statement.

Son las siete y media de la mañana. Ramón toca a la _____1_____de la casa de Lupe. Él y Lupe siempre _____2_____juntos a la escuela. Hoy Lupe no va a la escuela porque no se siente_____3_____. Le duelen _____4_____y por la tarde, si _____5_____ no se siente bien, va a ir al _____6_____del médico. Ramón _____7_____que Lupe tiene mucha _____8_____porque no tiene que ir a la escuela hoy. A Ramón no le gustan _____9_____y siempre busca pretexto para _____10_____en casa.

caminan   las piernas   consultorio   bien   todavía
cree   suerte   las clases   quedarse   puerta

13. En la fiesta

I. Vocabulario

A. Match these antonyms.

	A		B
1.	tarde	a.	hermana
2.	todos	b.	irse
3.	amigo	c.	acá
4.	hermano	d.	nadie
5.	allá	e.	enemigo
6.	quedarse	f.	temprano

B. Complete these sentences with a word from column B in exercise A.

1. María siempre llega _____a la clase.
2. Tú no vas allá; vienes _____.
3. Ellos no quieren _____ahora.
4. Anita es una buena _____.
5. Mañana no va _____a la fiesta.
6. El perro es _____del gato.

C. Complete these statements and write the words in the *crucigrama* on the next page.

1. La hija de tus padres es tu _____.
2. Tus tíos y tus primos son tus _____.
3. Tu hermana es la _____de tus padres.
4. El papá de tu padre es tu _____.
5. Tus parientes son parte de tu _____.
6. El hijo de tu tío es tu _____.
7. La hermana de tu mamá es tu _____.
8. La mamá de tu madre es tu _____.

II. Verbos

A. Complete each statement with the appropriate verb.

1. Roberto _____ el hermano de Rosa.
2. El chico _____ a todos.
3. María _____ a hablar con su papá.
4. ¿Qué _____ usted, señor director?
5. A mí me _____ la fiesta.
6. Nadie _____ temprano a su casa.
7. ¿Quién _____ ahora?
8. Miguel _____ allí con su amiga.

a. regresa
b. va
c. gusta
d. está
e. es
f. molesta
g. sale
h. quiere

B. Complete these statements with the appropriate form of the verb given in the model.

1. Sus amigos se divierten en la fiesta.

Yo _____ en la clase.

Mi papá y yo _____ en la discoteca.

Tú _____ en la playa.

¿Quién _____ aquí?

105

2. Yo quiero quedarme aquí.
   Ella _____ _____en la cama.
   Tú y ella _____ _____en Acapulco.
   Ud. _____ _____en la cocina.
   Tú _____ _____allí.
   Pablo y yo _____ _____contigo.

III. Estructura

A. Complete each statement with the personal *a*, if necessary.
1. Los chicos visitan _____sus parientes.
2. Enrique molesta _____los amigos de su hermano.
3. Roberto invita _____Carmen y _____Lupe a la fiesta.
4. Enrique no desea llevar _____su perro a la calle.
5. Los jóvenes miran _____los bailes en la televisión.
6. ¿_____quién ves todos los días?
7. Tú visitas _____la Casa Blanca.

B. Match the infinitive and its familiar singular command.

A		B	
1. venir	5. decir	a. di	e. ve
2. hacer	6. poner	b. ven	f. ten
3. tener	7. ser	c. sal	g. sé
4. salir	8. ir	d. haz	h. pon

C. Complete these sentences with an appropriate command from those given in column B of exercise B.
1. ¡_____la tortuga en el agua!
2. ¡_____de la cocina!
3. ¡_____aquí, por favor!
4. ¡_____a jugar fútbol!
5. ¡_____la maleta!
6. ¡_____cuidado, María!
7. ¡_____un niño bueno!
8. ¡_____la verdad!

14. En el club

I. Vocabulario

A. Many words that end in *-ous* in English end in *-oso* in Spanish. For example: fabulous — *fabuloso*. Give the Spanish equivalents of these English words.

1. porous
2. curious
3. generous
4. amorous
5. industrious
6. precious
7. numerous
8. ingenious

B. Match the holiday in column A with the appropriate date in column B.

A	B
1. Día de Navidad	a. el doce de octubre
2. Día de los enamorados	b. el primero de enero
3. Día de la Independencia de los Estados Unidos	c. el catorce de febrero
4. El Año Nuevo	d. el veinticinco de diciembre
5. Día de la Raza	e. el primero de abril
6. Día de mi cumpleaños	f. el cuatro de julio
7. Día de los Inocentes de los Estados Unidos	g. el _____ de _____

C. Express these dates either orally or in writing.

1. November 30
2. March 16
3. June 5
4. September 10
5. August 1
6. May 28

II. Verbos

A. Complete these statements with the appropriate form of the verb given in the model.

Ella prefiere otra cosa.

Yo _____ esto.

Tú y él _____ caminar.

107

Él y yo _____ pagar con cheque.

Tú _____ el reloj.

B. Complete these statements with the appropriate form of the verb given in parentheses.

1. El regalo _____ para él.   (ser)
2. Nosotros _____ la puerta.   (abrir)
3. Ellos _____ en el club.   (estar)
4. ¿Quién _____ el regalo?   (comprar)
5. Tú y yo _____ juntos.   (comer)
6. Yo _____ a las tres y media.   (salir)
7. Ustedes _____ servir la cena.   (poder)
8. Marisol _____ viajar a Europa.   (querer)
9. Tú _____ mucho dinero.   (tener)
10. ¿Cómo _____ tú a la fiesta?   (ir)

III. Estructura

A. Change these nouns to the plural.

Ejemplo: libro — *el* libro — *los libros*

1.	cocinero	6.	pastel
2.	luz	7.	capital
3.	lápiz	8.	nariz
4.	carro	9.	señor
5.	tarjeta de crédito	10.	reloj

B. Change the article from the definite to the indefinite.

Ejemplo: *el* carro — *un* carro

1.	la secretaria	6.	el club
2.	el banco	7.	el tomate
3.	los señores	8.	las hamburguesas
4.	la cafetería	9.	el reloj
5.	las fuentes	10.	los paquetes

C. Read this paragraph and then provide the appropriate definite or indefinite article in each statement.

_____1_____lunes va a ser_____2_____
cumpleaños de Raquel. Sus amigas desean darle
_____3_____regalo y entran en un almacén para
comprar algo. Saben que a ella le gusta_____4_____
música y quieren comprar_____5_____disco.
Hay_____6_____grupo moderno que tiene
_____7_____canción muy popular pero no recuerdan
_____8_____nombre del grupo ni de_____9_____
canción. Hablan con_____10_____señorita que trabaja
en_____11_____sección de discos. Ella indica
_____12_____discos populares y_____13_____
amigas compran_____14_____.

15. En la bodega

I. Vocabulario

A. Match these synonyms.

A	B
1. bodega	a. sabrosa
2. dependiente	b. hacer
3. rica	c. dividir
4. todavía	d. tienda
5. cortar	e. vendedor
6. preparar	f. aún

B. Match these places of work with the workers who work in them.

A	B
1. banco	a. secretaria
2. aeropuerto	b. maestra
3. bodega	c. portero
4. teatro	d. camarero
5. museo	e. piloto
6. hospital	f. dependiente
7. escuela	g. banquero
8. oficina	h. médico
9. restaurante	i. actor
10. hotel	j. guardia

C. Match the worker in column A with a related verb or idiom in column B.

A	B
1. secretaria	a. volar
2. maestra	b. hacer el papel
3. portero	c. pagar
4. camarero	d. vender
5. piloto	e. observar
6. dependiente	f. servir
7. banquero	g. escribir a máquina
8. médico	h. abrir la puerta
9. actor	i. enseñar
10. guardia	j. curar

D. Write an original sentence with each noun and verb in exercise C.

II. Verbos

A. Complete each statement with the appropriate form of *oler*.

1. Las tortillas huelen ricas.
2. Yo _____ la sopa.
3. Pepe y yo _____ la torta.
4. Tú _____ las flores.
5. Algo _____ riquísimo.

B. Unscramble these sentences. You may have to change or add words.

1. Yo/acabar/preparar/de/cena
2. El señor/acabar/salir/aeropuerto/del
3. Nosotros/acabar/mirar/televisión/de
4. Ellos/acabar/visitar/museo/el/de
5. Tú/acabar/comer/autoservicio/en/de/el

III. Estructura

A. Substitute the direct object pronoun for the direct object in each statement.

Ejemplo: Yo necesito el periódico. Yo *lo* necesito.

1. Ella compra la llave.
2. Uds. buscan a los camareros.
3. Yo pido tres hamburguesas.
4. Los turistas visitan el museo.
5. Ella y yo miramos la televisión.
6. El director hace una cita.
7. Pepe ve a los actores.
8. Anita recibe un reloj.
9. Los niños lavan los carros.
10. Los señores leen la carta.

B. Complete these statements with the appropriate direct object pronoun.

1. Yo necesito el coche pero María _____ tiene.
2. Ella quiere comprar tortillas pero no _____ hay.

3. Lourdes toca a la puerta y su madre _____ abre.
4. Ellos piden cinco rebanadas pero Juan _____ come.
5. El camarero trae el consomé y _____ sirve.
6. El aduanero abre las maletas y _____ revisa.
7. Yo escribo un cheque y el cajero _____ cambia.
8. El pasajero firma la declaración y el aduanero _____ acepta.
9. Mi mamá prepara la carne y yo _____ como.
10. Mi esposo me da unos regalos y yo _____ abro.

16. En la tintorería

I. Vocabulario

A. Match these synonyms.

A		B	
1.	señora	a.	hallar
2.	recoger	b.	más tarde
3.	creer	c.	dama
4.	encontrar	d.	pensar
5.	después	e.	coger

B. Match these antonyms.

A		B	
1.	perder	a.	antes
2.	limpiar	b.	señor
3.	dama	c.	ensuciar
4.	más tarde	d.	dudar
5.	creer	e.	hallar

C. Identify the articles of clothing shown in the drawings on pages 113 and 114 from the words given.

1.	la camisa	6.	la blusa	11.	los pantalones
2.	los zapatos	7.	los guantes	12.	el pañuelo
3.	los calcetines	8.	la chaqueta	13.	la falda
4.	la gorra	9.	el traje	14.	el abrigo
5.	la corbata	10.	el vestido	15.	el chaleco

a.   b. c.

d.   e. f.

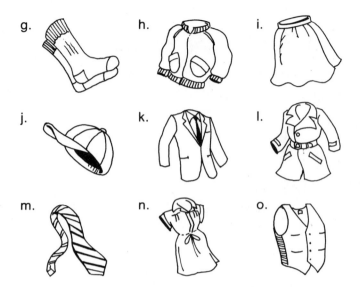

g. h. i.

j. k. l.

m. n. o.

D. Complete these statements with the appropriate word.

1. Los hombres usan pantalones; las mujeres usan
   _____.
2. Cuando hace frío, me pongo el _____.
3. Me pongo los _____ en las manos.
4. Llevo una _____ en la cabeza.
5. Para ir a trabajar, el señor necesita una camisa
   con _____.
6. La señora lleva una _____ de seda.
7. Cuando hace fresco, me pongo la _____.
8. Para ser elegante en la fiesta, la señora lleva
   un _____ largo.
9. Me pongo los _____ en los pies.
10. El señor tiene un traje de tres piezas; es decir, tiene
    una chaqueta, pantalones y un _____.

II. Verbos

Complete each sentence according to the model.

Modelo: El señor busca una camisa y _____ _____.
   El señor busca una camisa y la encuentra.

1. Yo busco un pañuelo blanco y _____ _____.
2. Mi esposo y yo buscamos unos guantes y _____
   _____.

3. Tú buscas una corbata y _____ _____.
4. Las chicas buscan unas medias y _____

   _____.

5. Ustedes buscan un traje y _____ _____.

III. Estructura

A. Unscramble these sentences. You may have to make some changes.

1. Los/señores/tintorería/entrar/en/la
2. Yo/tener/no/resguardo/la/señora/de
3. Ud./cinco/deber/me/pesos
4. Nosotros/limpiar/vestido/siempre/su
5. ¿/No/listo/está/por qué/?

B. Complete these sentences following the model.

Modelo: Voy a limpiar *mi vestido.*   Voy a limpiar*lo.*

1. Necesito ver la nota.
2. Tengo que limpiar mi corbata.
3. Necesitamos visitar a los Sánchez.
4. Vamos a comprar unos pantalones.
5. Tiene que buscar el traje.
6. Van a comer la tortilla.
7. Quiero llevar mi vestido nuevo.
8. Él no quiere usar guantes.

C. ¿Ser listo? o ¿Estar listo?

Complete each sentence with the appropriate form of *ser* or *estar* according to the meaning of the sentence.

1. El tren _____ listo para salir.
2. En la clase de biología, los alumnos _____ muy listos.
3. Señor, ¿ _____ lista María para ir al cine?
4. Mi perro Fido _____ muy listo.
5. Tú siempre estudias; por eso _____ muy listo.
6. El profesor me dice que yo _____ listo.
7. Las tortillas ya _____ listas.
8. Yo voy a _____ listo en diez minutos.

115

17. En la iglesia

Vocabulario

A. **English nouns** that end in -*ment* add -*o* in Spanish. For example: *moment* in English becomes *momento* in Spanish. Form the Spanish equivalents of these words in English.

1. document
2. ornament
3. fragment
4. experiment
5. instrument

6. element
7. department
8. argument
9. monument
10. testament

B. **Match** these antonyms.

A	B
1. alegría	a. novio
2. buen	b. junta
3. sentarse	c. mentira
4. comenzar	d. levantarse
5. sola	e. mal
6. amable	f. tristeza
7. novia	g. desagradable
8. verdad	h. terminar

C. **Complete** this *crucigrama* by completing each statement with the appropriate word.

Horizontal

1. El contrario de "feo" es _____.
2. Caracas es una _____.
3. Quiero una _____con queso y pepinillos.
4. Cuando una persona no quiere comer mucho es porque está a _____.
5. El gazpacho es una _____fría.
6. El señor Brea tiene una _____con el director.
7. lunes, martes, _____, jueves
8. Ella necesita la _____del carro.
9. Quiero comer porque tengo _____.
10. Para limpiar la ropa la llevo a la _____.

116

11. Cuando no me siento bien, llamo al _____.

12. Ella va a tirar una _____en la fuente.

Vertical

2. Las _____me hacen llorar.

4. El fútbol es un _____.

6. Mi mamá prepara la cacerola en la _____.

8. Me gusta el café con _____.

13. Van al _____para hacer ejercicios.

14. Evita es la _____de Alfredo.

15. Usamos la_____para hablar.

16. Yo miro la _____todas las noches.

17. Para saber la hora, miro el_____.

18. Cuando hace frío, me pongo los _____en las manos.

19. Un plato típico español es la _____.

20. Mañana tenemos un _____de matemáticas.

21. La persona que trabaja en la aduana es el

_____.

II. Verbos

A. Complete each sentence following the model sentence.

1. Ella conoce a la señora.

   Evita _____.

   Tú _____.

   Todos los invitados _____.

   ¿Quién _____?

   Yo _____.

2. La chica comienza a trabajar en la tintorería.

   Juan y yo _____.

   ¿Quiénes _____?

   Tú _____.

   Yo _____.

   Los jóvenes _____.

B. Complete these statements with the appropriate form of *saber* or *conocer*.

1. Yo no _____ a esa señora.
2. ¿_____ tú conducir un carro?
3. Yo no _____ la fecha de hoy.
4. Todos los alumnos _____ al nuevo director.
5. El turista comienza a _____ la ciudad.
6. Nosotros _____ donde está la bodega.
7. El pasajero no _____ al aduanero.
8. Estos chicos _____ hablar español.
9. Todos _____ las ideas del presidente.
10. Mis padres _____ que soy un buen chico.

III. Estructura

A. Complete these sentences following the model.

Modelo: El chico se levanta temprano.
　　　　El chico va a levantarse temprano.

1. Evita se casa con Alfredo.

   Evita va a _____ con Alfredo.

2. Yo me siento en la silla.

   Yo voy a _____ en la silla.

118

3. La niña se lava las manos.

La niña va a ＿＿＿＿＿＿＿las manos.

4. Tú y yo nos ponemos los zapatos negros.

Tú y yo vamos a ＿＿＿＿＿＿＿los zapatos negros.

5. Los alumnos se levantan a las siete.

Los alumnos van a ＿＿＿＿＿＿＿a las siete.

6. Tú te acuestas temprano.

Tú vas a ＿＿＿＿＿＿＿temprano.

7. Carlos se viste rápidamente por la mañana.

Carlos va a ＿＿＿＿＿＿＿rápidamente por la mañana.

8. Al terminar la fiesta los invitados se van.

Al terminar la fiesta los invitados van a

＿＿＿＿＿＿＿.

9. Nosotros nos bañamos antes de desayunar.

Nosotros vamos a ＿＿＿＿＿＿＿antes de desayunar.

10. ¿Quién se queda en la oficina?

¿Quién va a ＿＿＿＿＿＿＿en la oficina?

B. Read this paragraph and then select the appropriate word from those given to complete each statement.

un	tiene	la	sentarse	conoce
que	casarse	las	pero	de

Hoy es ＿＿＿1＿＿＿día importante para Evita
porque ella va a ＿＿＿2＿＿＿con su novio,
Alfredo. La ceremonia ＿＿＿3＿＿＿lugar en la
iglesia a ＿＿＿4＿＿＿doce. Muchos parientes y
amigos van a la ceremonia y a la fiesta que
＿＿＿5＿＿＿sigue. En la iglesia un amigo
＿＿＿6＿＿＿se llama Roberto ayuda a los invitados
a ＿＿＿7＿＿＿. Una señora entra sola. Roberto
no la ＿＿＿8＿＿＿. Cree que es amiga de la novia
＿＿＿9＿＿＿es la madre ＿＿＿10＿＿＿Alfredo.

18. En un almacén

I. Vocabulario

A. Match the words with the drawings.

1. los globos
2. el regalo
3. las velas
4. los tenedores
5. las decoraciones

6. los vasos
7. las cucharitas
8. la torta
9. los refrescos
10. las invitaciones

B. Complete these statements with the appropriate words from those given.

tarjetas   almacén   dinero   regalos
gastar   aquí   me encuentro

1. Hola, Geraldo, ¿qué haces _____?
2. El Corte Inglés es una tienda con muchos departamentos; es un _____.
3. El día de mi cumpleaños recibo muchas _____.

120

4. Voy a _____ diez dólares en una blusa para Evita.

5. Los invitados llevan muchos _____ a la fiesta.

6. Todos los días yo _____ con mi amiga en la Puerta de Sol.

7. El _____ de España se llama la peseta.

II. Verbos

A. Indicate the familiar singular (tú) command of these verbs.
Ejemplo: hablar — habla (tú)   comer — come (tú)

1.	preparar	11.	ayudar
2.	leer	12.	correr
3.	mirar	13.	escribir
4.	subir	14.	pagar
5.	entrar	15.	vender
6.	beber	16.	preguntar
7.	estudiar	17.	cubrir
8.	abrir	18.	escuchar
9.	tomar	19.	creer
10.	responder	20.	caminar

B. Follow the model.
Modelo: Voy a preparar la tarea.
       Pues, prepara la tarea.

1. Voy a preparar unas tortillas.
2. Voy a vender el carro.
3. Voy a escuchar los discos.
4. Voy a leer el periódico.
5. Voy a tomar unos refrescos.
6. Voy a escribir una carta.
7. Voy a abrir las ventanas.
8. Voy a pagar la cuenta.
9. Voy a cubrir los regalos.
10. Voy a beber la leche.

C. Using the sentences in exercise B, follow the model.

Modelo: Pues, prepara la tarea.

Pues, ¡prepárala!

III. Estructura

A. Complete each statement with the definite or indefinite article, if it is required.

1. _____inglés es una lengua importante.
2. _____señora Gómez no está aquí.
3. Paco es _____médico.
4. Buenos días, _____señor Carillo.
5. Tú escribes en _____español.
6. No voy a la escuela _____domingos.
7. Hola, _____profesor Sánchez.
8. Lo siento pero _____señora Hostos no está aquí.
9. _____ciencia es muy interesante.
10. María es _____maestra de historia.
11. José es _____estudiante inteligente.
12. Luisa es _____mexicana.
13. Carlos es _____buen actor.
14. Mi libro de _____matemáticas está allí.
15. Venezuela es _____país donde hablan _____lengua española.

B. Write an invitation in Spanish to a friend inviting him/her to a party. Use these words and expressions as a guide.

1. sábado
2. a las cinco de la tarde
3. Calle _____
4. fiesta de cumpleaños
5. celebrar
6. invitar

19. En un banquete

I. Vocabulario

A. Match the cardinal numbers in column A with their ordinal numbers in column B.

A		B	
1.	nueve	a.	segundo
2.	seis	b.	octavo
3.	cinco	c.	primero
4.	uno	d.	noveno
5.	diez	e.	cuarto
6.	ocho	f.	tercero
7.	cuatro	g.	quinto
8.	tres	h.	séptimo
9.	dos	i.	sexto
10.	siete	j.	décimo

B. Word Group. Find a word in the story which is related to these words. Give the meaning of both words.

1. la cena
2. el sabor
3. el esposo
4. invitar
5. el mesero
6. bastante
7. rico
8. helar

II. Verbos

A. Complete each sentence following the model sentence.

Yo repito la letra de la canción.

Ellos _____.

¿Quién _____?

Usted y yo _____.

Tú _____.

Rosita _____.

B. Write the appropriate command form in each of these statements.

1. (ayudar) ¡_____tú a tu mamá!
2. (mirar) ¡_____tú la televisión!
3. (responder) ¡_____tú a la pregunta!

123

4. (escuchar) ¡ _____tú la música!
5. (repetir) ¡ _____tú ese chiste!

III. Estructura

A. Replace the indirect object with the appropriate indirect object pronoun.

Ejemplo: Ella habla *a mí*.   Ella *me* habla.

1. Doy el libro *a Juan*.
2. Hablamos *a los señores*.
3. Tú dices mucho *a ella*.
4. Escribimos una carta *a Ud*.
5. No vendo el carro *a ellos*.
6. El profesor explica la lección *a mí*.
7. Tú das el regalo *a nosotros*.
8. Ella no pasa la tortilla *a mí*.
9. La maestra pregunta *a María y a Juan*.
10. Tú enseñas el francés *a los chicos*.

B. Form a question by matching the interrogative word in column A with the segment in column B.

A	B
1. ¿Dónde	a. hora vas a la tienda?
2. ¿Qué	b. chicas van a la fiesta?
3. ¿Cómo	c. es esto?
4. ¿Cuántas	d. están ustedes?
5. ¿Cuál	e. son los profesores?
6. ¿Cuándo	f. es su dirección?
7. ¿Quiénes	g. van Uds. a Madrid?
8. ¿A qué	h. está San Juan?

20. En la sala de estar

I. **Vocabulario**

  A. **In Spanish** the name of the profession (*el panadero*—baker) gives us the name of the shop. To form the name of the shop, drop the -*o* and add -*ía.* For example: *el panadero — la panadería.* Form the name of the shops.

1. el heladero
2. el joyero
3. el relojero
4. el carnicero
5. el zapatero
6. el florero
7. el lechero
8. el pastelero
9. el librero
10. el peluquero

  B. **Identify** the store in which you would buy these items or services:

1. una rosa
2. un reloj
3. la carne
4. un helado
5. la crema
6. un pastel
7. un corte de pelo
8. un diccionario
9. un par de zapatos
10. joyas

  C. **Complete** these sentences following the model.

1. El panadero vende pan en la panadería.
2. El carnicero vende _____en la

    _____.
3. _____vende flores en la _____.
4. _____vende _____en la lechería.
5. _____corta el pelo en la _____.
6. El librero vende _____en la _____.

II. **Verbos**

  A. **Complete** these sentences.

1. Ellas compraron una tela bonita.
  Tú _____.
  Yo _____.
  Ella y yo _____.
  ¿Quién _____?
  Las señoras _____.

2. Yo necesité más dinero.

¿Quiénes _____?

Nosotros _____.

Tú _____.

Elena _____.

Juan y Luis _____.

B. Complete these statements with the appropriate form of the verb given in parentheses in the *preterite.*

1. María _____ un vestido nuevo. (comprar)
2. Tú _____ con el profesor. (estudiar)
3. Los señores _____ con el director. (hablar)
4. Usted _____ al jefe. (llamar)
5. Pepe y yo _____ el Museo del Prado. (visitar)
6. Yo _____ con ella. (bailar)
7. Tú y ella _____ mucho. (conversar)
8. ¿Quién _____ la tortilla? (preparar)
9. Ellos _____ una bebida fría. (tomar)
10. Yo _____ la música. (escuchar)

III. Estructura

Complete each sentence with the appropriate pronoun. Note that the pronoun follows a preposition.

Ejemplo: Compro un reloj para Pepe.
El reloj es para *él.*

1. A _____ me gusta el helado.
2. Compro la tela para Luis. La compro para _____.
3. Tenemos muchos libros. Los libros son de _____.
4. ¿Me compraste un regalo? Sí, compré un regalo para _____.
5. Ellos tienen una casa en el campo. Creo que esta casa es de _____.

6. ¿Cómo está Antonio? A _____le duelen las piernas.

7. La maestra dice a sus alumnos: — Esta tarea es para _____.

21. En la despensa

I. Vocabulario

A. Match these antonyms. Then complete the sentence that follows the exercise with the words you form from the letters in boxes in column B.

A	B
1. abrir	a. i[r]
2. algo	b. per[d]er
3. buscar	c. [a]yer
4. nunca	d. [n]ada
5. venir	e. ant[e]s
6. encontrar	f. dud[a]r
7. después	g. sie[m]pre
8. hoy	h. [c]errar
9. creer	i. enc[o]ntrar

¡Nunca hay _____que _____en esta casa!

B. Indicate the word that does not belong in the group.

1.	queso	pepino	crema	leche
2.	lechuga	tomate	huevos	rábanos
3.	café	naranja	manzana	cereza
4.	carnicería	panadería	peluquería	supermercado
5.	cocina	sala	comedor	despensa

II. Verbos

A. Change the following statements to the *preterite*.

1. Lupe mira la televisión.
2. Tú preguntas algo al aduanero.
3. Ellos preparan la cena.
4. Yo hablo con mi papá.
5. La familia cena muy tarde.
6. Reinaldo pesa mucho.
7. Tú practicas muchos deportes.

8. Juanita y yo trabajamos juntos.
9. Uds. bailan muy bien.
10. Yo desayuno a las ocho.

B. Complete the sentence with the appropriate infinitive according to the cue. Follow the model.

(la biblioteca)   No hay nada que *leer.*

1.	(la tarea)	No hay nada que _____.
2.	(la cocina)	No hay nada que _____.
3.	(el almacén)	No hay nada que _____.
4.	(el cine)	No hay nada que _____.
5.	(la televisión)	No hay nada que _____.
6.	(la radio)	No hay nada que _____.
7.	(la aduana)	No hay nada que _____.
8.	(el banco)	No hay nada que _____.

III. Estructura

A. Change each sentence to the negative.

Ejemplo: Voy a comer *algo.*   *No* voy a comer *nada.*

1. Voy a llamar a alguien.
2. Vas a comprar algunos libros.
3. Ella va a hacer algo.
4. Ellos siempre van a Madrid.
5. Alguien toca a la puerta.
6. Nosotros vamos al café todos los días.
7. Tú siempre tienes mucha suerte.

B. Read this passage and then select the words needed to complete the sentences from those given on the next page.

Carlos siempre tiene mucha _____1_____. Cuando él tiene ganas de comer _____2_____, entra en la cocina y abre la _____3_____ del refrigerador. Revisa la comida que _____4_____ en todos los estantes pero _____5_____ tiene suerte. Nunca encuentra _____6_____ bueno para comer mientras estudia o mira la televisión. También busca en todos los

_____7_____de la despensa pero no _____8_____
nada rico. Su padre habla con él porque Carlos
no _____9_____abrir y cerrar las puertas con tanta
_____10_____. Al revisar los estantes del refrigerador y
de la despensa, el padre no encuentra nada
_____11_____. Él no comprende porqué o en qué
su _____12_____gasta tanto dinero cada semana.

nunca	hambre	esposa	encuentra
frecuencia	hay	algo	tampoco
estantes	nada	puerta	debe

22. En la posada

I.   Vocabulario

A. Match these antonyms.

A		B	
1.	llegar	a.	feo
2.	cerca de	b.	caliente
3.	salida	c.	sacar
4.	temprano	d.	tarde
5.	ahora	e.	salir
6.	bonito	f.	entrada
7.	fría	g.	empezar
8.	terminar	h.	después
9.	meter	i.	lejos de

B. Many words in English that end in -al are the same in Spanish. For example: *principal*. However, you must be careful to pronounce them correctly. Say each of these words in Spanish.

1.	total	6.	musical
2.	animal	7.	plural
3.	formal	8.	tropical
4.	capital	9.	universal
5.	original	10.	usual

C. In many cases when the English word ends in -cal, the Spanish word often ends in -co. Ejemplo: *comical — cómico* (note the accent mark that is needed in Spanish). Give the Spanish equivalents of these words.

1.	historical	5.	electrical
2.	magical	6.	economical
3.	logical	7.	fanatical
4.	practical	8.	clerical

II.   Verbos

A. Complete each sentence with the appropriate form of the verb.

1. Yo tuve el mismo problema.

    Él _____la misma camisa.

131

Tú _____el mismo abrigo.

Ellos _____los mismos pantalones.

Ana y yo _____las mismas amigas.

2. Ella estuvo en Buenos Aires.

Tú _____en Acapulco.

Yo _____en Caracas.

Ustedes _____en Bogotá.

Nosotros _____en Lima.

B. Complete each statement with the appropriate form of *estar* or *tener* in the *preterite*.

1. Ella _____enferma.
2. Yo _____hambre.
3. Usted _____que hacer un viaje.
4. Tú _____con las muchachas.
5. Yo _____cerca de mi papá.
6. Ellos _____en la posada.
7. Nosotros _____mucha prisa.

III. Estructura

A. Complete each statement with the appropriate demonstrative adjective.

este   esta   estos   estas

1. Mi padre es médico en _____hospital.
2. _____naranjas son muy dulces.
3. No me gusta _____clase.
4. Sí, señor, quiero comprar _____libros.
5. _____posada es divertida.
6. ¿De quién son _____regalos?
7. _____fuentes son legendarias.
8. _____vestido es mi favorito.
9. ¿Cómo se llama _____chico?
10. _____hamburguesa está rica.

B. Complete these statements following the model.

Modelo: No quiero esta pluma; quiero *ese* lápiz.

1. No quiero este refresco; quiero ＿＿＿＿＿＿＿
   helado.
2. No me gustan estas canciones; me gustan
   ＿＿＿＿＿＿＿discos.
3. Ella no compra esta tortilla; compra ＿＿＿＿＿＿＿
   papas.
4. Tú no necesitas estos libros; necesitas
   ＿＿＿＿＿＿＿revista.
5. Ellos no desean este pastel; desean ＿＿＿＿＿＿＿
   frutas.
6. No miro este programa; miro ＿＿＿＿＿＿＿
   película.
7. No leo esta tarjeta; leo ＿＿＿＿＿＿＿
   periódico.
8. No invitas a este chico; invitas a ＿＿＿＿＿＿＿
   chicas.
9. No compramos esta corbata; compramos
   ＿＿＿＿＿＿＿pantalones.
10. No hago este viaje; hago ＿＿＿＿＿＿＿excursión.

23. En casa del abogado

I. Vocabulario

A. Match the words in column A with the related words in column B.

	A		B
1.	abogado	a.	teatro
2.	electricista	b.	hospital
3.	plomero	c.	agua
4.	bombero	d.	dientes
5.	científico	e.	clase
6.	soldado	f.	ejército
7.	actor	g.	avión
8.	comerciante	h.	luz
9.	dentista	i.	ley
10.	enfermera	j.	incendio
11.	maestro	k.	tienda
12.	piloto	l.	microbios

B. Complete each statement with a word from columns A or B in exercise A. (Note: You may have to make some changes.)

1. María tiene dolor de muelas; necesita un

   _____.
2. El jefe del avión es el _____.
3. Hay un incendio grande; deben llamar a los

   _____.
4. No hay luz en la casa; llamamos al _____.
5. El _____trabaja en el laboratorio.
6. Hay muchos _____en el ejército.
7. Los _____trabajan en el teatro.
8. La _____ayuda al médico.
9. La maestra enseña a la _____.
10. No hay agua en la casa; llaman al _____.

II. Verbos

A. Complete these statements with the appropriate form of *hacer* in the *preterite*.

1. El año pasado yo _____un viaje a España.
2. Mi mamá _____la maleta.

3. ¿Qué _____ tú anoche?
4. Nosotros _____ muchos ejercicios.
5. Uds. _____ la tarea para hoy.
6. Ramón _____ algo bueno.
7. Tú y ella _____ un pastel sabroso.

B. Complete the *crucigrama* with the appropriate forms of the verbs indicated in the *preterite.*

HORIZONTAL
1. hacer (yo)
2. trabajar (yo)
3. mirar (Uds.)
4. comprar (tú)
5. desayunar (nosotros)
6. escuchar (él)
12. hacer (¿quién?)

VERTICAL
7. estar (Ud.)
8. preparar (tú)
9. bailar (ella)
10. estar (nosotros)
11. tener (yo)

III. Estructura

A. Complete these statements with the appropriate preposition.

a   de   para

1. Yo dejé _____ser abogado.
2. Ud. comenzó _____calcular la cuenta.
3. Ellos están _____salir de la casa.
4. ¡Niño, deja _____hablar en voz alta!
5. Yo estuve _____irme cuando llegó Enrique.
6. Nosotros vamos _____comprar el regalo.
7. El profesor me ayudó _____comprender la lección.
8. Cuando él regresó a casa, empezó _____ trabajar.
9. Mis tíos acaban _____llamar.
10. Tú no me invitaste _____estudiar contigo.

B. Unscramble these statements. Use the *preterite* form of the verb. You may have to add words.

1. electricista/casa/trabajar/de/abogado
2. tener/arreglar/que/luz/nosotros
3. ganar/no/tanto/abogado
4. electricista/hacerse/él
5. yo/horas/pasar/tres/allí
6. médicos/estar/hospital/ayer
7. anoche/televisión/niños/mirar/horas/tres

24. En la peluquería

I. Vocabulario

A. Match these antonyms.

A		B	
1.	izquierdo	a.	primera
2.	largo	b.	diferente
3.	exponer	c.	atrás
4.	última	d.	corto
5.	adelante	e.	lejos de
6.	al lado de	f.	derecho
7.	igual	g.	tapar

B. Juanita insists that the following things are one way and Pablo says that they are the opposite. Rewrite these statements assuming Pablo's role. Follow the model.

Modelo: La biblioteca está *lejos de* aquí.

No, la biblioteca está *cerca de* aquí.

1. La maestra está *delante de* la clase.
2. El aeropuerto está *en frente del* hotel.
3. El banco está *cerca del* gimnasio.
4. El plato está *debajo de* la mesa.
5. San Francisco está en el *este* de los Estados Unidos.
6. La iglesia está *a la derecha de* la escuela.
7. La Argentina está en el *norte* de Sud América.

II. Verbos

A. Indicate the polite singular (Ud.) command of the verbs given.

Ejemplo: hablar — *¡hable Ud.!*   comer — *¡coma Ud.!*

1.	preparar	8.	abrir
2.	leer	9.	tomar
3.	mirar	10.	responder
4.	subir	11.	ayudar
5.	entrar	12.	correr
6.	beber	13.	escribir
7.	estudiar	14.	vender

15. preguntar	18. creer
16. cubrir	19. caminar
17. escuchar	20. dividir

B. Follow the model.

Modelo: Voy a vender el carro. *¡Véndalo Ud.!*

1. Voy a abrir el regalo.
2. Voy a llamar al abogado.
3. Voy a escuchar el programa.
4. Voy a comer un helado.
5. Voy a tomar un refresco.
6. Voy a dividir la tortilla española.
7. Voy a limpiar la cocina.
8. Voy a abrir las ventanas.
9. Voy a escribir una tarjeta.
10. Voy a calcular la cuenta.

III. Estructura

A. Prepare a question for each sentence, based on the word in italics.

1. El señor quiere el pelo *corto.*
2. Raúl va a la peluquería *mañana.*
3. El peluquero usa *las tijeras* para cortar el pelo.
4. El señor pagó *diez dólares.*
5. La peluquería está *al lado de* la joyería.

B. Read this paragraph and then select the appropriate word from those given on the next page to complete each statement.

José comenzó a ir a una peluquería _____1_____que está cerca_____2_____su oficina. Así puede _____3_____durante la hora de comer y no _____4_____mucho tiempo. No_____5_____gustó el corte la primera_____6_____pero decide regresar _____7_____otra vez. No hay_____8_____cliente en la peluquería_____9_____entra José. No tiene _____10_____esperar. Se sienta en el sillón y le

explica _____11_____ peluquero cómo quiere el corte
_____12_____ vez.

	que	ir	esta	le
allí	al	ningún	vez
nueva	cuando	de	pierde

25. En el teléfono

I. Vocabulario

A. Many English words that end in *-ine* end in *-ino* in Spanish. For example: *divine — divino*. Give the Spanish equivalent of these words.

1. genuine
2. marine
3. canine
4. feminine
5. clandestine
6. pine
7. serpentine
8. submarine

B. Complete these statements.

1. Si hoy es miércoles, mañana es _____ y ayer fue _____.
2. Si hoy es lunes, mañana es _____ y ayer fue _____.
3. Si hoy es sábado, mañana es _____ y ayer fue _____.
4. Si hoy es jueves, mañana es _____ y ayer fue _____.
5. Si hoy es martes, mañana es _____ y ayer fue _____.
6. Si hoy es viernes, mañana es _____ y ayer fue _____.
7. Si hoy es domingo, mañana es _____ y ayer fue _____.

II. Verbos

A. Complete these sentences following the model sentence in each.

1. Ella comió mucho.
   Yo _____ demasiado.
   Ustedes _____ suficiente.
   Tú _____ poco.
   Anita y yo _____ rápidamente.
2. Tú viviste en Madrid.
   Nosotros _____ en Puerto Vallarta.
   Yo _____ en Santo Domingo.

Los señores _____en Miami.

Ella _____en Cuzco.

B. Write the correct form of the verb indicated in the *preterite*.

1. Yo _____de la carnicería. (salir)
2. Tú _____demasiado anoche. (beber)
3. Ella y yo _____la tienda a las ocho. (abrir)
4. El chico _____por el parque. (correr)
5. Uds. _____los ojos con las manos. (cubrir)
6. Yo _____mi carro. (vender)
7. Tú _____ir a Puerto Rico. (decidir)
8. Nosotros no _____nada. (comprender)
9. ¿Quién _____el precio? (subir)
10. Ella _____pagar la cuenta. (prometer)

C. Complete each statement with the appropriate form of *ir* in the *preterite*.

1. Marisa _____a Buenos Aires el año pasado.
2. Tú _____a Lima el mes pasado.
3. Uds. _____a Bogotá la semana pasada.
4. Yo _____a Quito ayer.
5. Nosotros _____a Santiago ayer.

D. Complete each statement with the appropriate form of *ser* in the *preterite*.

1. Yo _____el presidente del club.
2. Ella _____la directora de la escuela.
3. Uds. _____socios del club.
4. Tú _____jefe del banco.
5. Nosotros _____turistas en España.

III. Estructura

Follow the model.

Modelo: No quiero esa revista; quiero *aquella* revista.

1. No prefiere ese restaurante español; prefiere _____restaurante francés.

2. No buscan esa corbata roja; buscan _____ corbata azul.
3. No me gustan esos vestidos; me gustan _____vestidos.
4. No compré esas flores blancas; compré _____flores amarillas.
5. Ellos no perdieron ese paquete; perdieron _____paquete.
6. No escribiste esas cartas; escribiste _____ cartas.
7. No miramos esos programas; miramos _____ programas.
8. Juan no visitó esa plaza; visitó _____plaza.

26. En la caja de un hotel pequeño

I. Vocabulario

A. Many English words that end in -ct end in -cto in Spanish. Form the Spanish equivalent of the following words.

Example: *perfect — perfecto*

1. direct
2. contact
3. correct
4. aspect
5. exact

6. product
7. dialect
8. imperfect
9. insect
10. act

B. Match the related words.

A		B	
1.	cuenta	a.	perfecto
2.	cuarto	b.	hotelero
3.	servicio	c.	dólar
4.	centavo	d.	pagar
5.	huésped	e.	hotel

II. Verbos

A. Complete these sentences with the appropriate form of the verb used in the model.

1. Yo no dije nada.
   Ella no _____ mucho.
   Tú no _____ nada.
   Uds. no _____ la verdad.
   Nosotros no _____ mentiras.
2. Ud. no quiso ir a la fiesta.
   Tú no _____ ir tampoco.
   Yo no _____ ir contigo.
   Ellos no _____ ir conmigo.
   El y yo no _____ ir juntos.

B. Repaso de los verbos *-ar/-er/-ir* en el pretérito. Complete each statement with the appropriate form of the verb indicated in parentheses in the *preterite*.

1. Uds. _____ su casa. (vender)
2. Yo _____ en la fiesta. (cantar)
3. ¿Quién _____ la luz? (arreglar)
4. Tú _____ una carta a Miguel. (escribir)
5. Ellos _____ al médico. (llamar)
6. Nosotros _____ al museo. (correr)
7. Ud. _____ en Cuba. (vivir)
8. Mi mamá _____ la cena. (preparar)
9. Yo _____ la revista. (leer)
10. Los señores _____ los platos. (lavar)

C. Repaso de *ser/ir/tener/estar/hacer* en el pretérito. Complete each statement with the appropriate form of the verb needed in the *preterite*.

1. Ellos _____ hambre.
2. Yo _____ el desayuno.
3. Tú _____ a trabajar.
4. Uds. _____ en la escuela.
5. Yo _____ director de la universidad.
6. Ella _____ los ejercicios.
7. Tú _____ que estudiar.
8. Yo _____ a Machu Picchu.
9. Ellas _____ compañeras de cuarto.
10. Antonio y yo _____ en Barcelona.

III. Estructura

Complete these statements with *de* or *por*.

1. Son las diez _____ la mañana.
2. Ud. llegó ayer _____ la tarde.
3. Sirven el almuerzo a la una _____ la tarde.
4. El trabaja _____ la tarde.
5. _____ la mañana el servicio es mejor.
6. Después de las nueve _____ la noche no hay servicio de autobús.

PARA ESCRIBIR O HABLAR

Create a story based on the topic *¿QUÉ TAL EL FIN DE SEMANA?*
You may use these *suggested* cues:

1. ¿Adónde fuiste?
2. ¿Quién te acompañó?
3. ¿Cuándo saliste?
4. ¿Qué viste?
5. ¿Cómo te divertiste?

27. En el consultorio del dentista

I. Vocabulario

A. Match these antonyms.

	A		B
1.	anoche	a.	malo
2.	sentarse	b.	meter
3.	bien	c.	cerrar
4.	abrir	d.	mal
5.	bueno	e.	esta noche
6.	sacar	f.	levantarse

B. Many English words that end in -ble have the same ending in Spanish. However, you must be careful to pronounce them correctly. Say each word in Spanish.

1.	adorable	6.	horrible
2.	tolerable	7.	cable
3.	flexible	8.	visible
4.	durable	9.	comparable
5.	elegible*	10.	convertible

*Note the spelling change.

II. Verbos

A. Follow the model.

Model: *sacar* — yo saqué   *llegar* — yo llegué

1.	pagar	6.	significar
2.	explicar	7.	indicar
3.	buscar	8.	publicar
4.	pegar	9.	jugar
5.	colgar	10.	tocar

B. Change each sentence to the *preterite*.

1. El chico se levanta de la silla.
2. Yo me siento bien.
3. Uds. se desayunan muy temprano.
4. Tú te lavas después de trabajar.
5. Nosotros nos dormimos muy tarde.

III. Estructura

Read this paragraph and then select the words that are needed to complete each statement from those given below.

¡Pobre Anita! No ___1___ siente bien.
___2___ duele una muela. Tiene mucho dolor y
va ___3___ consultorio ___4___ dentista.
Él ve ___5___ problema cuando ella abre
___6___ boca. Tiene que sacarle la muela.
Después ___7___ unos momentos ella se levanta
de la silla, pero todavía tiene ___8___ dolor
horrible ___9___ la boca. El dentista no sacó la
muela mala. Parece que él sacó ___10___ muela
buena.

la	se	el	al	una
le	un	del	en	de

PARA ESCRIBIR O HABLAR

Create a story based on the topic *UNA VISITA AL MÉDICO, AL DENTISTA O AL HOSPITAL.* You may use these *suggested* cues:

1. ¿Cuándo fuiste?
2. ¿Por qué tuviste que ir?
3. ¿Quién te atendió?
4. ¿Cuánto le pagaste?
5. ¿Cómo te sentiste después?

28. En el Museo del Prado

I. Vocabulario

A. Match these synonyms.

A	B
1. querer	a. muchas veces
2. pinturas	b. unas
3. amigos	c. desear
4. varias	d. disculpar
5. a menudo	e. cuadros
6. perdonar	f. compañeros

B. Match these related words.

A	B
1. madrileño	a. Ecuador
2. colombiano	b. Guatemala
3. peruano	c. Colombia
4. guatemalteco	d. Madrid
5. caraqueño	e. El Salvador
6. ecuatoriano	f. Caracas
7. salvadoreño	g. Perú

C. ¿Cómo se llaman las personas de _____?

1. México
2. Bolivia
3. Cuba
4. la República Dominicana
5. España

II. Verbos

A. Complete these statements with the appropriate form of *venir* in the *present*.

1. María _____ a la fiesta.
2. Yo _____ a cenar.
3. Manuela y yo _____ temprano.
4. Ellas _____ más tarde.
5. Tú _____ a las dos.

148

B. Complete these statements with the appropriate form of *venir* in the *preterite*.

1. Tú _____a verme.
2. Ud. _____a verme.
3. Yo _____a verte.
4. Nosotros _____a verlos.
5. Ellas _____a vernos.

III. Estructura

A. Unscramble these statements.

1. españolas/colección/de/una/pinturas/hay/buena
2. ¿/museo/qué/decidieron/por/el/visitar/?
3. viene/museo/señor/menudo/al/a/un
4. hombre/lluvia/escaparse/otro/quiere/la/de
5. Colombia/hombre/de/vino/un
6. en/hace/museo/guía/preguntas/un/el

B. Reorder the statements in exercise A according to the sequence of the *diálogo*.

PARA ESCRIBIR O HABLAR

Create a story based on the topic *EL MUSEO. You may use* these *suggested* cues:

1. ¿Cuál es tu museo favorito?
2. ¿Cuándo fuiste allí?
3. ¿Cómo llegaste al museo?
4. ¿A qué hora llegaste?
5. ¿Dónde comiste cuando fuiste al museo?
6. ¿Qué te gustó ver allí?

29. En el Café Gijón

I. Vocabulario

A. Indicate the word that does not belong in each group.

1.	café	mostrador	restaurante	autoservicio
2.	escuela	cine	estadio	teatro
3.	naves	carros	sueños	autobuses
4.	ojo	pies	criatura	pecho
5.	líder	jefe	director	cirujano

B. Find the word that is missing in the story.

1. Veo una película en el _____.
2. A los niños les gusta jugar en el _____.
3. Algo que no es común es _____.
4. Los cocodrilos no tienen pies; tienen _____.
5. Los marcianos viajan en una _____.
6. Un doctor que opera a las personas es un

    _____.
7. Yo grité porque tuve _____ de la criatura.
8. Los ojos y la nariz están en la _____.

II. Verbos

Repaso de verbos irregulares en el *pretérito*. Give the appropriate form of the verb indicated in the *preterite* and complete the *crucigrama* on the next page with these forms.

HORIZONTAL

1. hacer (tú)
2. ser (yo)
3. venir (ella)
4. tener (él)
5. ir (ellos)
6. hacer (Ud.)
7. tener (tú)
8. estar (yo)
9. estar (Uds.)

VERTICAL

10. venir (yo)
11. tener (tú y yo)
12. hacer (nosotros)
13. ir (tú)
14. hacer (yo)
15. ser (él)
16. ser (ellos)

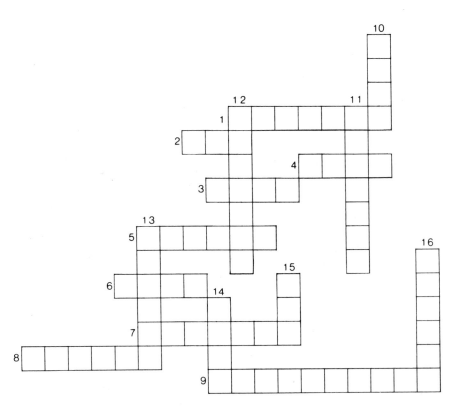

III. Estructura

Read this paragraph and then select the word that is needed to complete each statement from those given below.

Yo fui a ver una _____1_____extraña en el cine. Un marciano _____2_____a una ciudad _____3_____ una nave espacial. El marciano era _____4_____ extraño porque no era como las personas _____5_____ conozco. Tuvo solamente un ojo y un brazo. Habló una lengua que yo no _____6_____. Todo el mundo tuvo miedo _____7_____marciano porque fue alto, gordo y feo. Una niña _____8_____ofreció un helado de chocolate, y el marciano _____9_____comió rápidamente. Después fue con ella a un café _____10_____tomar otro helado y un refresco porque le gustó nuestra comida.

en	para	llegó	lo	muy
le	película	del	que	comprendí

151

PARA ESCRIBIR O HABLAR

Create a story based on the topic EL MARCIANO QUE ME VISITÓ ANOCHE. You may use these *suggested* cues:

1. ¿Quién te visitó anoche?
2. ¿En qué llegó?
3. ¿Cómo fue?
4. ¿Tuviste miedo?
5. ¿Qué te dijo?
6. ¿Cuándo se fue?
7. ¿Va a regresar?

30. En la mesa

I. Vocabulario

A. Match these antonyms.

A	B
1. primera	a. antes
2. fría	b. muchísimo
3. dura	c. última
4. todo	d. levantarse
5. poquito	e. caliente
6. más tarde	f. nada
7. sentarse	g. suave

B. Many English words that end in -or have the same ending in Spanish. However, you must be careful to pronounce them correctly. For example: *horror*. Say these words in Spanish.

1. actor		6. favor
2. superior		7. editor
3. color		8. motor
4. honor		9. interior
5. exterior		10. director

C. Many English words that end in -ar have the same ending in Spanish. However, you must be careful to pronounce them correctly. For example: *regular*. Say these words in Spanish.

1. regular		6. popular
2. muscular		7. similar
3. auxiliar		8. lunar
4. vulgar		9. solar
5. peninsular		10. familiar

II. Verbos (Repaso de Diálogos 1-30)

A. Complete these statements with the appropriate form of the verb indicated in parentheses in the *present*.

* 1. Tú _____ el guía del grupo.   (ser)

* 2. El Museo del Prado _____ en Madrid.
(estar)

  * 3. Yo _____ a San Juan en diciembre. (ir)

  * 4. Ellos _____ que hacer un viaje. (tener)

  * 5. ¿Quién _____ al marciano? (encontrar)

    6. El hotelero _____ Ramón. (llamarse)

    7. La chica _____ estudiar español.
       (querer)

    8. Tú _____ cebolla en la hamburguesa.
       (poner)

    9. ¿Qué _____ Uds.? (pedir)

   10. El camarero _____ la sopa. (servir)

  *11. Yo _____ a muchas personas. (conocer)

  *12. El chico _____ fútbol. (jugar)

   13. Ellos _____ muchísimo. (dormir)

  *14. Tú _____ queso en la hamburguesa.
       (preferir)

   15. Yo no _____ cantar muy bien. (saber)

   16. La tortilla _____ riquísima. (oler)

  *17. ¿ _____ tú en Madrid? (quedarse)

  *18. Yo _____ a las ocho de la mañana. (salir)

  *19. Ellos _____ muy temprano. (levantarse)

   20. Yo siempre _____ la verdad. (decir)

B. Change the sentences that are starred in exercise A to the *preterite*.

III. Estructura

Select the correct response in each statement.

   1. Es la hamburguesa _____ señora.

     a. del   b. de la   c. de los   d. de las

   2. A mí _____ gustan los rábanos.

     a. me   b. te   c. le   d. se

   3. Ramón y yo vamos al cine. Él va _____.

     a. contigo   c. con nosotros

     b. conmigo   d. con él

   4. Los señores entran _____ el avión.

     a. de   b. a   c. en   d. con

5. Ella pide una hamburguesa. Ella _____ pide.
   a. lo   b. la   c. los   d. las

6. Son las tres y media _____ la tarde.
   a. de   b. por   c. para   d. en

7. Es una plaza _____.
   a. antiguo   c. antiguos
   b. antigua   d. antiguas

8. ¿ _____ quién es el reloj?
   a. con   b. a   c. por   d. de

9. Lourdes compra _____ blusas.
   a. ese   b. esa   c. esos   d. esas

10. El doctor Suárez es _____ médico listo.
    a. uno   b. un   c. una   d. unos

11. Nosotros _____ damos el regalo a ellos.
    a. les   b. le   c. los   d. las

12. ¡Compre Ud. el diccionario! ¡ _____ !
    a. Cómprela   c. Cómprelas
    b. Cómprelos   d. Cómprelo

13. Tenemos que preparar _____ maletas.
    a. nuestro   c. nuestros
    b. nuestra   d. nuestras

14. Tú vas _____ trabajar en el almacén.
    a. a   b. en   c. de   d. con

15. No hay _____ comida en la despensa.
    a. ningún   c. ninguno
    b. ninguna   d. ningunas

PARA ESCRIBIR O HABLAR

Create a story based on the topic *UN INCIDENTE EXTRAÑO EN UN RESTAURANTE.* You may use these *suggested* cues:

1. ¿Dónde pasó?
2. ¿Qué ocurrió?
3. ¿Cuándo tuvo lugar?
4. ¿Por qué pasó?
5. ¿Cómo se resolvió?

Master Spanish-English Vocabulary

A

a at, to
abogado lawyer
abrigo overcoat
abrir to open
abuelo, -a grandfather, grandmother
acá here, over here
acompañar to accompany
adelante forward, ahead
además besides
adorno decoration
aduana customs
aduanero customs inspector
aeropuerto airport
ahora now
ahorrar to save
ahorros savings
alegrarse (de) to be glad, happy (about)
alegría happiness
algo something
algún, -o, -a, -os, -as some
almacén department store
almorzar (ue) to have lunch
almuerzo lunch
allá there, over there
allí there
amable kind, amiable
amigo, -a friend
amor (*m.*) love
anterior previous, earlier
antes (de) before
antiguo, -a ancient, old
año year
aquel, -la, -los, -las that, those
aquí here
arreglar to arrange, fix
arroz (*m.*) rice
  arroz con pollo chicken with rice
asiento seat
atender (ie) (a) to attend to, take care of
atún (*m.*) tuna fish
autoservicio self-service restaurant
avión (*m.*) airplane
ayer yesterday

ayudar to help
azul blue

B

bajar (de) to lower, get off
banco bank
  banquero banker
banquete (*m.*) banquet
báscula scale
bastante enough
bien well
bienvenido, -a welcome
biología biology
boca mouth
bodega grocery store
bolsillo pocket
bombero firefighter
bonito, -a pretty
botella bottle
brazo arm
buenas tardes good afternoon
bueno, -a good
buenos días good morning, good day
buscar to look for

C

cable (*m.*) cable
cacerola casserole
cada each
caer (se) to fall (down)
café coffee, coffee shop; brown
caja cashier; box
cajero cashier
cajón (*m.*) drawer; large box
calcetín (*m.*) sock
calcular to calculate
caliente hot, warm
calle (*f.*) street
camarero, -a waiter, waitress
caminar to walk
cara face

carne (*f.*) meat
caro, -a expensive
carro car
carta menu; letter
casa house
casarse (con) to marry
casi almost
causa cause
causar to cause
cebolla onion
celebrar to celebrate
cena dinner
cenar to dine, to have dinner
centavo cent
cerca (de) near
ceremonia ceremony
cereza cherry
cerrar (ie) to close
ciencia(s) science
cigarrillo cigarette
cigarro cigar
cinco five
cine (*m.*) movie house
cirujano surgeon
    cirujano plástico plastic surgeon
cita date, appointment
ciudad (*f.*) city
clase (*f.*) class
club (*m.*) club
cocina kitchen, cuisine
cocinar to cook
cocodrilo crocodile
colección (*f.*) collection
comenzar (ie) to begin, start
comer to eat
comida meal, food
cómo how
como like, as
completamente completely
comprar to buy
comprender to understand
conmigo with me
conocer to know, be acquainted with
consomé (*m.*) consommé, broth
consultorio office for consultation, dentist or doctor's office
contestar to answer
contigo with you (fam.)
corbata tie
corte (*m.*) cut
corto, -a short
cosa thing

costumbre (*f.*) custom, habit
crédito credit
    tarjeta de crédito credit card
creer to believe
crema cream
criatura creature
cuál, -es which?, what?
cuánto, -a, -os, -as how much?, how many?
cuarto, -a fourth
cuarto room, quarter
cuenta bill
cumpleaños (*m. sing.*) birthday
    ¡feliz cumpleaños! happy birthday!
curado, -a cured

CH

chico, -a boy, girl
chocolate chocolate

D

dar to give
    dar con to encounter, find
de of, from
    de repente suddenly
deber to owe, to have to
decidir to decide
decir to say
declaración declaration, statement
declarar to declare, state
dejar to let, allow
    dejar de to stop
    déjame let me
delante (de) in front (of)
delicioso, -a delicious
dentista (*m. & f.*) dentist
dentro (de) inside, within (inside of)
departamento department
dependiente, -a clerk
deporte (*m.*) sport
depositar to deposit
derecho, -a right
    a la derecha to the right
desayunarse to have breakfast
desayuno breakfast
desear to desire, want, wish
deseo desire, wish
despensa pantry
después (de) after
detener to stop
día (*m.*) day

dieta diet
   estar a dieta to be on a diet
dinero money
Dios God
   ¡por Dios! for God's sake
director, -a director
divertido, -a amusing, funny
divertirse (ie) to amuse oneself,
   have a good time
divino, -a divine
dólar (m.) dollar
dolerse (ue) to ache, hurt
   me duele it hurts me
dolor (m.) pain
domingo (m.) Sunday
donde where
dónde where?
   adónde to where?
   de dónde from where?
dormir(se) (ue) to sleep (to fall asleep)
dormitorio bedroom
dulces (m. pl.) candy
duro, -a hard

E

echar to throw, to cast
   echar a perder to spoil
ejercicio exercise
ejército army
electricista (m. & f.) electrician
encontrar (ue) to find, meet
   encontrarse (con alguien) to meet
   (someone) — not for the first time
encuesta survey, inquiry
   hacer una_____ to make a survey
enfermarse to become ill
enfermedad (f.) illness
enfermera, -o nurse
enfermo, -a ill, sick
enseñar to teach
entrada entrance
entrar (en) to enter (in, into)
escapar to escape
escuchar to listen (to)
escuela school
eso that, that thing
español, -a Spanish, Spaniard
esperar to wait for, hope
esposo, -a husband, wife
estación (f.) season
estacionar to park
estante (m.) shelf

estar to be
este, -a, -os, -as this, these
estómago stomach
estudiar to study
estupendo, -a stupendous, marvelous
examen (m.) exam, test
exclamar to exclaim
excursión (f.) excursion, tour, outing
   hacer una_____ to take a tour
exponer to expose, reveal
extraño, -a strange

F

fabuloso, -a fabulous
falda skirt
fama fame
   tener fama (de) to have fame, to
   be famous (for)
familia family
famoso, -a famous
favor (m.) favor
   por favor please
favorito, -a favorite
feo, -a ugly
fiebre (f.) fever
fiesta holiday, celebration, party
filete (m.) fillet
fin (m.) end
   fin de semana weekend
fino, -a fine, delicate
francés, -a French
frecuencia frequency
   con frecuencia frequently
fresa strawberry
frío, -a cold
fruta fruit
fuente (f.) fountain
   fuente de soda soda
   fountain
fuera outside, out
fútbol (m.) soccer

G

ganar to win, earn
gastar to spend
gazpacho Spanish-style cold
   vegetable soup
gente (f.) people
gimnasio gymnasium
gordo, -a fat
gracias thank you

guardia (*m. & f.*) guard
guía (*f.*) guidebook
guía (*m. & f.*) guide (person)
gustar to like, be pleasing to

H

hablar to speak
hacer to do, make
  hacer compras to shop
hambre (*f.*) hunger
  tener hambre to be hungry
hamburguesa hamburger
hasta until
hay there is, there are
helado ice cream
hermano, -a brother, sister
  hermanito, -a little brother, sister
hijo, -a son, daughter
hola hello
hombre man
hora hour, time
horrible horrible
horror (*m.*) horror
  ¡qué horror! what a horror!, that's
  terrible!
hospital (*m.*) hospital
hotel (*m.*) hotel
hotelero hotel-keeper
hoy today
huésped (*m.*) guest
huevos eggs

I

idea idea, notion
iglesia church
igual equal, same
importante important
inglés, -a English
insoportable unbearable
internacional international
interrumpir to interrupt
invitado, -a guest
ir to go
  ir a to go to
  ir a + *infinitive* to be going to
  ir de compras to go shopping
  irse to go away
izquierdo, -a left
  a la izquierda to the left

J

jardín (*m.*) garden
jefe (*m.*) boss
joven young
jueves (*m.*) Thursday
jugar (**ue**) to play
junto, -a together

L

lado side
  al lado de next to
largo, -a long
lata can
lección (*f.*) lesson
leche (*f.*) milk
lechuga lettuce
legendario, -a legendary
levantar to raise, lift
  levantarse to get up
  ¡levántate! get up!
libra pound
licor liquor
líder (*m.*) leader
limpiar to clean
lindo, -a pretty
listo, -a ready, clever
  estar listo to be ready
  ser listo to be clever
lugar (*m.*) place, location
lunes (*m.*) Monday
luz (*f.*) light

LL

llamarse to be called, named
llave (*f.*) key
llegar to arrive
llevar to carry, wear, take
llorar to cry
lluvia rain

M

madre (*f.*) mother
maestro, -a teacher
mal bad (adv.)
maleta suitcase
malo, -a bad (adj.)
mamá mom, mommy, mother
  mami mommy

manera manner, way
  de esta manera this way
mano (*f.*) hand
mantequilla butter
manzana apple
mañana tomorrow
marido husband
martes (*m.*) Tuesday
más more
matemáticas mathematics
mayonesa mayonnaise
médico doctor
medio, -a half, middle
  término medio medium done
  (food)
mentira lie
mesa table
mesero, -a waiter, waitress
meter to put in
mi my
mí (*per. pron.*) me, myself
microbio microbe
miedo fear
  tener miedo to be afraid
miércoles (*m.*) Wednesday
minuto minute
mirar to look at
mismo, -a same
  a sí mismo, -a to himself, herself
  lo mismo the same
moderno, -a modern
molestar to bother, annoy
momento moment
moneda coin
mostrador (*m.*) counter
mucho, -a -os, -as much, many
  muchísimo, -a, -os, -as very much, very many
muela molar tooth
mujer (*f.*) woman, wife
museo museum
muy very

N

nada nothing
nadie nobody
naranja orange
naturalmente naturally, of course
nave (*f.*) ship
  nave espacial spaceship

necesario, -a necessary
necesitar to need
ni nor, not even
ningún, -o, -a, -os, -as none, not one
niño, -a child
noche (*f.*) night
  anoche last night
  esta noche tonight
nota mark, grade, note
novio, -a boyfriend, girlfriend
nuestro, -a, -os, -as our
nunca never

O

ocupado, -a busy, occupied
ocho eight
oficina office
oído ear
oír to hear
  ¡oigan Uds.! listen!
ojo eye
oler (huelo) to smell
orden (*f.*) order
oreja outer ear
oro gold
otro, -a, -os, -as other, another

P

pagar to pay
papá dad, father
papas potatoes
  papas fritas french fries
paquete (*m.*) package
parecer to appear, seem
parientes (*m. pl.*) relatives
parque (*m.*) park
parte (*f.*) part
pasado, -a past
pasajero, -a passenger
pasar to pass, spend time
  ¿qué pasa? what's happening?
pasear to walk, to take a walk
paseo walk
  dar un paseo to take a walk
pata foot, leg (of animal)
pecho chest
pedir (i) to ask for, order
pegajoso, -a sticky
pelo hair

peluquería barbershop, hairdresser's shop
peluquero barber, hairdresser
pena grief, worry
  me da pena it grieves me, embarrasses me
pepino cucumber, pickle
  pepinillos pickles
pequeño, -a small
perder (ie) to lose
perfecto, -a perfect
periódico newspaper
permitir to permit, allow
pero but
persona person
peso weight, Mexican monetary unit
pierna leg
piloto, -a pilot
pintura picture, painting
plomero, -a plumber
poco, -a little, few
  dentro de poco in a short time
  poquito, -a few
poder (ue) to be able to, can
poner to put
por for, through
  por Dios for God's sake
  por favor please
porque because
por qué why?
porqué why
portarse to behave
portero doorman
posada Christmas celebration in Mexico
postre (m.) dessert
precio price
preferir (ie) to prefer
pregunta question
preguntar to question
preocupar(se) to worry, preoccupy, (to be preoccupied, worried)
preparar to prepare
presidente, -a president
pretexto pretext, excuse
primer, -o, -a, -os, -as first
primo, -a cousin
principal principal
prisa hurry
  tener prisa to be in a hurry
problema (m.) problem
profesor, -a professor, teacher

prometer to promise
pronto quickly
puerta door
pues then

Q

que who, whom, which, what, that, than
qué what?
  ¿qué tal? how are things?
  ¡qué __! what a __!
quedarse to remain, stay
querer (ie) to want, wish, love
queso cheese
quién, -es who?
quinto, -a fifth

R

rábano radish
razón (f.) reason
  tener razón to be right
realizar to realize (one's dreams), fulfill
rebanada slice
recoger to gather, collect, pick up, get
reconocer to recognize
refresco refreshment
refrigerador (m.) refrigerator
regalo gift
regresar to return
reírse to laugh
reloj (m.) clock, watch
remendar to mend, fix
repasar to review, look over, go over again
repetir (i) to repeat
resguardo receipt
responder to respond
restaurante (m.) restaurant
rico, -a rich, delicious
ronco, -a hoarse, harsh-sounding
ropa clothing

S

sábado Saturday
sabor (m.) flavor
sabroso, -a delicious, tasty
sacar to take out, remove
sala parlor, hall

sala de estar   living room
salida   exit
salir   to go out
salsa   sauce
salsa de tomate   ketchup
santo   saint, name's day
sección (f.)   section
secretaria   secretary
seguir (i)   to follow, continue
¿cómo sigue él?   how is he? (health-
wise), how is he doing?
seis   six
semana   week
semana pasada   last week
sentarse (ie)   to sit down
sentirse (ie)   to feel, regret
lo siento   I'm sorry
señor, -a, -ita   gentleman, lady,
young lady
ser   to be
servicio   service
servir (i)   to serve
si   if
sí   yes
Sí, ¡cómo no!   Yes, of course!
siempre   always
significar   to signify, mean
siguiente   next
al día siguiente   on the following
day
silla   chair
síntoma (m.)   symptom
sitio   site, location, place
sobrar   to be left over, remain,
exceed
sobre   on, over, above, upon; about
solamente   only
soldado   soldier
solo, -a   single, alone
sólo   only
sonar (ue)   to ring
soñar (ue) (con)   to dream (about)
sopa   soup
su   his, her; your (polite), their
sueño   sleep, dream
tener sueño   to be sleepy
supermercado   supermarket

T

tacaño   stingy
también   also, too
tampoco   neither, not...either

ni yo tampoco   me neither
tanto, -a, -os, -as   so much, so many
tapar   to cover
tardar   to take (one's time); to delay
tarde   late
tarde (f.)   afternoon
buenas tardes   good afternoon
tarea   homework
tarjeta   card
tarjeta de crédito   credit card
tarjeta de cumpleaños   birthday
card
tela   cloth
teléfono   telephone
televisión (f.)   television
temperatura   temperature
temprano   early
tener   to have
tener confianza   to have
confidence
tener fama   to have fame, to be
famous
tener ganas de   to feel like doing
something
tener hambre   to be hungry
tener miedo   to be afraid
tener prisa   to be in a hurry
tener que   to have to, must
tener razón   to be right
tener sed   to be thirsty
tener sueño   to be sleepy
terminar   to finish, end
término   point, state or condition
término medio   medium done
(food)
ti (pers. pron.)   you
tiempo   time, weather
tienda   store
tijeras (f. pl.)   scissors
tintorería   dry cleaner's
tintorero   dry cleaner
tío, -a   uncle, aunt
tirar   to throw, throw away
tocar   to touch, play (an instrument)
todavía   still, yet
todo, -a   all
todo el mundo   everyone
tomar   to take, drink
tomate (m.)   tomato
tortilla   omelet (Spain)
tortuga   turtle
trabajar   to work
tres   three

tu your (sing., familiar)
tú (*per. pron.*) you (sing. familiar)
turístico, -a (*adj.*) tourist
tuyo, -a your

U

último, -a last
usar to use, wear
usted, -es you (sing., -pl. polite)

V

vacaciones (*f. pl.*) vacation
   estar de _____ to be on
   vacation
vainilla vanilla
valer to be worth
vegetal (*m.*) vegetable
vendedor, -a salesclerk
venir to come
ventura happiness, fortune
   buenaventura good fortune
ver to see
   a ver let's see
verdad (*f.*) truth
   ¿verdad? is that so, true?
verdadero, -a true, real
verde green
vestido dress
vestir (i) to dress
   vestirse to dress oneself, get
   dressed
vez (*f.*) time
   a veces at times, sometimes
viajar to travel
viaje (*m.*) trip
   hacer un viaje to take a trip
viejo, -a old
viernes (*m.*) Friday
vino wine
volar (ue) to fly

Y

ya already